KB274858

왕초보를 위한 한국형
금융재테크

왕초보를 위한 한국형 금융재테크

김의경 글 | 조영남 그림

운전면허증이 없는 당신. 어느 날 포뮬러 원(Formula One) 경주를 보고 첫눈에 매료되었습니다. 하지만 그렇다고 해서 바로 스포츠카를 타고 경주에 출전할 수 있는 건 아닙니다. 우선 필기시험부터 합격해야 하고, 운전학원에 등록해야 합니다. 도로주행까지 합격한 후 면허증을 따더라도 운전이 몸에 익을 때까지는 또 많은 시간이 지나야 합니다. 게다가 스포츠카를 타기까지는 더 많은 노력과 시간, 그리고 비용이 필요합니다. 이러다가 어쩌면 영원히 포뮬러 원에는 출전하지 못할 수도 있습니다. 하지만 포뮬러 원 경주에 출전을 하든 하지 못하든 상관없이 당신은 운전기술을 익히게 되고, 적어도 운전면허증은 손에 쥘 수 있게 되는 것입니다.

세상 일이란 게 다 마찬가지입니다. 사람들은 부자아빠나 10억 만들기 열풍에 고무되어 당장이라도 큰돈을 벌 수 있는 방법을 찾아나섭니다. 이미 부자아빠가 되었거나 10억을 만든 사람들의 성공담도 들어보고 각종 전문가의 재테크 방법에 귀도 기울여봅니다. 하지만 불행히도 그들의 성공담이나 방법이 결코 당신의 것이 되지 못합니다. 그래서 적잖은 실망과 함께 자포자기에 빠지게 됩니다. 하지만 당신은 현명합니다. 재테크의 구체적인 방법보다는 금융에 대한 기본적인 지식을 쌓아나가는 게 우선이라는 사실을 금방 깨닫게 될 것이기 때문입니다. 운전면허와 포뮬러 원의 관계처럼 말입니다. 세상 모든 사람이 부자아빠가 되거나 재테크로 10억을 벌 수는 없겠죠. 하지만 이러한 금융지식은 당신이 재테크에 성공을 하든 그렇지 못하든, 자본주의 경제체제에 살면서 좀더 현명한 의사결정을 내리는 데 도움이 될 것이 분명합니다.

이 책은 이러한 생각에 동의하는 당신을 위해 기획됐습니다. 원래 몸에 좋은 약은 입에 쓴 법. 아무리 금융지식이 필요하다고 해도 일반인이 배우는 것은 그리 쉬운 일이 아닙니다. 경제나 금융이라는 단어만 들어도 머리부터 아파오는 사람들이 적지 않습니다. 따라서 금융에 대한 얘기를 선뜻 전달하기 어렵습니다. 하지만 약방에는 감초라는 게 있습니다. 이 책 역시 약방에 감초와 같은 역할을 했으면 하는 마음으로 만들었습니다. 크게 펀드상품과 주식, 그리고 채권과 관련된 여러 얘기를 쉽게 설명하려고 노력했습니다. 아울러 좀더 흥미를 끌기 위해 재미있는 만화를 곁들였습니다. 따라서 금융을 공부해야겠다는 비장한 각오보다는 가볍게 읽을 수 있는 감초 같은 책이 되기를 희망합니다.

끝으로 이 책이 나오기까지 애써주신 한경닷컴, 한경BP 관계자 여러분과 무엇보다도 이 책에 만화를 그리며 함께 고생하신 조영남 기자님께 감사드립니다.

2005년 12월

김 의 경

차례 

들어가는 말 **004**

PART 1 부자를 향한 금융 재테크 첫걸음

01 경제·금융 지식이 풍요한 삶을 이끈다 — 010

02 '변화' 와 '흐름' 에 주목하라 — 013

03 금융 재테크 3대 원칙 — 017

04 내게 맞는 재테크를 찾아라 — 020

05 동물적 감각으로 승부하라 — 023

PART 2 · 아는 만큼 고수익을 올리는 펀드투자

01 수익증권이란 무엇인가 —— 030

02 펀드란 무엇인가 —— 034

03 ABS란 무엇인가 —— 040

04 펀드의 만기와 환매 —— 044

05 주식은 주수, 펀드는 좌수 —— 048

06 펀드(수익증권)와 관련된 여러 금융기관 —— 052

07 펀드에 가입하면 내야 하는 수수료 —— 056

08 적립식 펀드란 무엇인가 —— 060

09 사모펀드란 무엇인가 —— 064

10 엄브렐러 펀드란 무엇인가 —— 068

11 펀드의 종류 —— 072

12 간접투자자산운용업법은 펀드의 헌법 —— 078

13 해외펀드 들여다보기 —— 082

14 펀드 상품 가입 하나, 둘, 셋 —— 086

15 주가와 연계된 펀드 상품 : ELS —— 092

16 인덱스 펀드의 대표주자 : ETF —— 096

17 헤지펀드는 투기펀드? —— 100

PART 3 · 10년을 앞서가는 왕초보 주식투자

01 '주식＝증권'이 아니다! —— 106

02 주식거래는 3일 결제 —— 110

03 주식거래, 위탁증거금이 있어야 한다 —— 114

04 주식을 거래할 때 어떤 세금을 내야 하나? —— 118

05 위탁계좌와 증권사의 업무 —— 122

06 배당률 No, 배당수익률 Yes —— 126

07 주식 주문체결의 3대 원칙 —— 130

08 주식의 상한가 · 하한가 —— 134

09 주식 거래정지 —— 138

10 위험과 포트폴리오 투자 —— 142

11 주가의 방향을 알아맞히는 방법 —— 146

12 주가와 거래량 —— 150

13 골든 크로스(golden cross) —— 154

14 주가를 분석하는 데 사용하는 지표 : PER —— 158

15 가치투자? 계란은 한 바구니에 담아라 —— 162

16 주가지수 선물계약은 이미 우리에게 친숙한 계약이다 —— 166

17 주가지수 옵션, 불리할 때는 포기하면 그만이다 —— 172

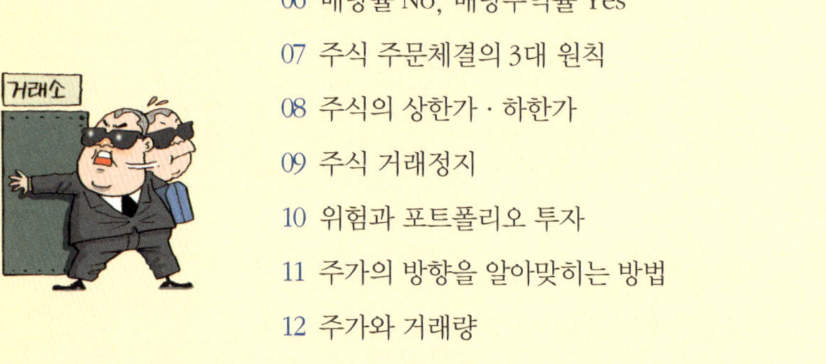

PART 4 위험성 없는 안전한 채권투자

01 채권은 '차용증서' —— 178

02 금리와 채권가격 —— 184

03 전환사채, 너 주식이냐? 채권이냐? —— 188

04 채권의 신체나이 : 채권 듀레이션 —— 194

05 채권은 어떻게 거래하나? —— 198

06 모기지론, 역모기지론은 공수래공수거 —— 204

PART 1
부자를 향한
금융 재테크 첫걸음

경제 · 금융 지식이 풍요한 삶을 이끈다

재미있는 우화가 있습니다. 곰 세 마리가 맛있는 먹이를 구해서 아무도 모르는 곳에 숨겨두기로 했답니다. 첫째 곰은 커다란 느티나무 아래에 땅을 파고 먹이를 숨겨두었습니다. 둘째 곰은 커다란 바위 아래에 먹이를 숨겨두었습니다. 셋째 곰 역시 먹이를 숨겨두기 적당한 장소를 찾았습니다. 그러다 문득 하늘을 보니 푸른 하늘에 솜사탕 같은 흰구름이 둥실 떠 있었습니다. "옳거니 저 솜사탕 구름을 올려다볼 수 있는 이 언덕에다 묻어두면 되겠네."

시간이 지난 후, 곰 세 마리는 자신이 숨겨놓은 먹이를 다시 찾으러 갔습니다. 첫째 곰과 둘째 곰은 별 어려움 없이 먹이를 찾았습니다. 하지만 셋째 곰은 아무리 하늘을 올려다봐도 전에 봐두었던 솜사탕 구름을 찾을 수가 없었습니다. "아니, 저 하늘의 솜사탕 구름이 어디로 도망간 거야!!"

우리는 셋째 곰의 어리석음에 실소를 금할 수 없습니다. 구름은 정처 없이 떠돌아다닌다는 사실을 미리 알았더라면 그런 어리석은 일은 하지 않았을 텐데 말입니다. 하지만 우리 역시 이러한 어리석은 일을 저지르며 살고 있습니다. 고도로 발달된 자본주의 사회에서 경제활동을 하면서 살고 있는 많은 사람들이 의외로 경제에 대해 잘 모르고 있습니다. 매일 돈을 벌기 위해 뛰어다니고 또 그만큼 많은 돈을 쓰고 있는 사회인들이 뜻밖에도 돈에 대한 지식이 빈약합니다. 마치 자동차 조작법을 모르면서 시속 100km나

"구름은 이미 어디론가 흘러가버렸는데도 불구하고 자신이 숨겨놓은 먹이를 찾기 위해
여전히 헤매고 있는 셋째 곰이 어쩌면 당신의 모습인지도 모릅니다."

달려야 하는 고속도로를 질주하고 있는 듯한 느낌입니다. 그러
다 보니 금리가 오르는데도 여전히 채권형 펀드에 돈을 묶어
두는 어리석은 짓을 범하고 있습니다. 금리와 채권가격은 서
로 반대로 움직인다는 사실을 알면 적절한 조치를 취할
수 있을 텐데 말입니다.

이렇듯 금리가 오르면 어떤 일이 벌어지는지, 환율이 떨어
지면 어떤 현상이 일어나는지를 알고 있다면, 어떻게 행동하고 무엇을 준비
해야 하는지를 좀더 효율적으로 가늠해 보고 현명하게 대처해 나갈 수 있을
것입니다. 아니, 그렇지 않다고 하더라도 금리나 환율의 속성을 알고 있다
면 셋째 곰과 같은 그런 어리석은 판단은 하지 않을 것입니다.

가끔 중·고등학생들이 이런 질문을 합니다. "어려운 미적분 배워서 사
회에 나가면 무슨 쓸모가 있어요? 내가 수학자가 될 것도 아닌데…" 하지
만 학창시절에 배운 수학 덕분에 인생을 살면서 논리적 사고를 하는 데 도
움이 된다는 사실을 우리는 잘 알고 있습니다. 경제·금융 지식도 마찬가지
입니다. 비단 재테크뿐만 아니라 자본주의 사회에서 경제활동을 하는 우리
에게 합리적이고 효율적인 사고를 할 수 있도록 도와줍니다.

모름지기 경제는 충분하지 않은 자원을 어떻게 하면 효율적으로 사용할
수 있을까에 대한 물음에서부터 시작합니다. 화수분을 가지고 있어 언제나
필요한 것을 충분히 꺼내 쓸 수 있는 사람이 아니라면 누구나 경제 흐름에
대해 관심을 가져야 할 것입니다. 이는 희소한 자원을 이용하며 살아야 하
는 우리에게 던져진 어쩔 수 없는 운명인 것입니다. 구름은 이미 어디론가
흘러가버렸는데도 불구하고 자신이 숨겨놓은 먹이를 찾기 위해 여전히 헤
매고 있는 셋째 곰이 어쩌면 당신의 모습이 아닌지 한번 반성해 보시길 바
랍니다.

'변화'와 '흐름'에 주목하라

느 날 아이는 엄마가 햄을 구울 때 햄의 양끝을 잘라내고 굽는 걸 보
았습니다. 아이는 궁금해서 엄마에게 여쭤봤죠.

"엄마, 왜 햄을 구울 때면 언제나 양끝을 잘라내는 거죠?"
"몰라. 너의 외할머니가 항상 그러셨거든….."
아이는 외할머니댁에 가서 똑같은 질문을 했습니다. 그랬더니 외할머니
께서도 같은 대답을 할 뿐이었죠.
"음… 너희 증조할머니가 항상 그러셨단다."
그래서 이번엔 증조할머니를 찾아갔습니다.
"저… 왜 햄을 구울 때면 언제나 양끝을 잘라내고 굽는 거예요?"
그러자 증조할머니는 아무렇지도 않게 대답했습니다.
"응. 우리 때는 프라이팬이 너무 작아서 그랬단다."

– 《돈이냐 인생이냐(Your Money or Your Life)》 중에서

이 이야기 속 엄마나 외할머니의 경우, 프라이팬이 충분히 커서 굳이
햄의 양끝을 잘라낼 필요가 없어졌는데도 불구하고 습관적으로 그렇게
잘라내고 있었던 것입니다. 이렇듯 상황이 변해서 이미 필요 없어진 행동
들을 무심코 반복하는 사람들이 우리 주위에는 의외로 많습니다. 과거에

"영문도 모른 채 쓸데없이 돈을 쓰고 있지 않으십니까? 변화하는 금융환경에 맞춰 현명한 재테크 방법을 찾아내는 지혜를 발휘할 때입니다."

그렇게 해서 좋은 결과를 얻었기 때문에, 또는 누군가 그런 방식으로 성공했다는 이야기를 듣고 아무런 생각없이 천편일률적인 행동을 하는 것이죠.

재테크에서도 마찬가지입니다. 머리로는 '재테크를 해야지', '요즘 유행어처럼 나도 부자아빠가 되어야지'라고 굳게 마음먹습니다. 하지만 행동에는 어떠한 변화도 없습니다. 여전히 과거의 구태의연한 행동에서 벗어나지 못하고 있습니다. 그러다 보니 돈이 생기면 그냥 정기예금에 넣어두는 걸로 끝입니다. 목돈을 모으기 위해서는 은행 적금에 가입하는 것으로 만족해합니다. 예전부터 그래왔기 때문에, 막상 다른 것을 하려고 하다가도 귀찮고 복잡하고 머리 아프다는 핑계로 포기해 버립니다. 우리를 둘러싼 경제·금융 환경은 시시각각 변하고 있고, 조금만 노력을 기울여 찾아보면 거기에 맞는 상당히 알찬 금융상품이 많은데도 말입니다.

예를 들어 저금리 기조가 계속되면 단순한 은행 예금만으로는 수지(受支)가 안 맞습니다. 물가상승까지 감안하면 오히려 마이너스(−) 금리가 되어 은행 좋은 일만 시킬 수 있기 때문입니다. 이럴 때일수록 위험을 어느 정도 감안하더라도 펀드 상품 같은 간접투자 상품에 눈을 돌릴 필요가 있습니다. 저금리라는 금융환경이 변했으므로 실적에 따라 수익을 받아가는 금융상품을 찾아야 하기 때문입니다. 주가가 상승할 때는 목돈을 모으는 데 주식형 적립식 펀드가 제격입니다. 하지만 펀드 상품이 뭔지, 어떤 방식으로 투자를 하고 어떻게 수익을 나누는지를 알지 못한다면 쉽사리 접근하기가 힘듭니다. 자신의 알토란 같은 돈을 잘 모르는 곳에 투자하기란 쉽지 않기 때문입니다. 그러므로 기본이 되는 금융에 대한 지식이 있어야 경제나 금융환경의 변화에 맞게 자신의 투자행동 또한 바꿀 수 있는 것입니다.

남들은 재테크 잘 해서 경제적으로 풍요하다고 하는데 나만 이렇게 뒤지는 것 아닐까 하는 생각으로 불안해하는 사람들이 많은 것 같습니다. 오륙도, 사오

정에다 삼팔선이란 말까지 나오는 세상이다 보니 더욱더 그러하겠죠. 하지만 이렇게 불안한 이유는 모르기 때문입니다. 그래서 충분히 활용 가능한 자신의 목돈이나 월급을 그냥 은행에 맡겨둔 채 마냥 불안해하고 있는 것입니다. 바야흐로 변화하는 금융환경에 발맞춰 조금이라도 더 현명한 재테크 방법을 찾아내는 지혜를 발휘할 때인 것 같습니다. 영문도 모른 채 쓸데없이 잘라서 내버리는 햄 양쪽의 조각이 아까우니까 말입니다.

금융 재테크 3대 원칙

관심을 가지고 다양한 지식을 습득하자

알아야 면장을 한다고 금융지식은 그만큼 중요한 것입니다. 하지만 여전히 금융이나 경제를 이야기하면 머리부터 아파하는 분이 많은 듯합니다. 하지만 요즘은 인터넷 사이트나 경제신문 등에 만화나 재미있는 글솜씨로 금융지식을 알기 쉽게 설명한 코너들이 많습니다. 이러한 칼럼들을 꾸준히 읽고, 중요하다 싶은 것은 그때그때 메모하는 습관이 필요하겠죠.

금융기관을 자주 이용하자

우리는 돈을 찾을 일이 있을 때만 은행에 방문합니다. 그것도 대부분은 현관 입구에 마련된 현금지급기를 이용하는 데 그칠 뿐입니다. 하지만 제대로된 재테크를 하기 위해서는 은행이나 증권사를 자주 이용해야 합니다. 거기서 업무를 보란 이야기가 아닙니다. '아이 쇼핑'을 좀 하자는 뜻입니다. 백화점 등에서는 굳이 옷을 사지 않더라도 아이 쇼핑 삼아 매장에 들어가 신상품이 어떤지 물어도 보고, 입어도 보고 하지 않습니까? 그러다 보니 특히 여성 고객들 중에는 웬만한 유행은 쫙 꿰고 있는 분이 많습니다. 은행이나 증권사도 이와 똑같습니다. 꼭 현금

"눈앞에 사냥감이 나타났어도 탄알이 없으면 발만 동동 구를 수밖에 없습니다.
이와 마찬가지로 좋은 투자처가 생겨도 종자돈 없이는 아무것도 할 수가 없습니다."

을 인출할 때만 찾아가지 말고, 시간 날 때 들러서 창구직원에게 적립식 펀드는 어떤 것인지, 주택청약예금은 어떤 효과가 있는지 문의하기 바랍니다. 요즘 창구직원들은 정말 친절하게 잘 알려줍니다. 세상에서 가장 빠르고 좋은 공부는 직접 물어보는 것 아니겠습니까?

먼저 종자돈부터 만들자

눈앞에 탐스러운 사냥감이 나타났어도 탄알 없는 빈 총으로는 발만 동동 구를 수밖에 없습니다. 이와 마찬가지로 제아무리 좋은 투자처가 생겨도 종자돈 없이는 아무것도 할 수가 없습니다. 그래서 종자돈 만들기는 부자의 첫걸음, 재테크의 기본 중 기본이라고 할 수 있습니다. 이런 기본을 마련하는 데 나에게 맞는 특별한 비법이란 게 있으면 얼마나 좋을까요? 하지만 애석하게도 그런 비법은 없습니다. 스포츠에서는 고수가 된 후에야 비로소 자신의 성향에 맞는 폼을 잡아갑니다. 처음 기본을 배울 때는 교과서에 충실해야 하는데, 종자돈 만들기도 마찬가지입니다. 급여 생활자라면 자신의 월급의 절반 정도를 쓰지 않고 모은다고 생각해야 합니다. 그런데 세상을 살다 보면 돈 들어갈 일이 한두 가지가 아닙니다. 따라서 그렇게 무지막지(?)하게 종자돈을 모은다는 게 쉽지가 않습니다. 이럴 때는 적금 들어가는 날을 아예 월급날과 맞춘 다음 자동이체까지 설정해 놓을 것을 권하고 싶습니다. 종자돈을 어느 정도 모을 때까지는 이런 강제적인 방법이 필요합니다. 그래서 사실 종자돈 만들기는 20대 후반에서 30대 초반의 미혼 직장인들이 유리합니다. 일단 결혼해서 아이가 생기면 강제적으로 돈을 모은다고 해도 한계가 있으니까 말입니다. 공부도 때가 있듯이 재테크도 그 단계별로 때가 있습니다. 하지만 자신이 조금 늦었더라도 포기해선 안 되겠죠. '늦었다고 생각할 때가 가장 적당할 때'라는 말도 있지 않습니까.

내게 맞는 재테크를 찾아라

몇 해 전부터 일기 시작한 '부자아빠 신드롬'이나 '10억 만들기 열풍'은 이제 약간 식상한 면도 없지 않으나, 그래도 우리 주위에서 그 위력을 발휘하고 있는 듯합니다. 누구나 부자아빠가 되고 10억을 만들고 싶지만 그게 말처럼 쉬운 것은 아닙니다. 평범한 급여소득자가 정상적인 방법으로 10억을 모은다는 건 어쩌면 불가능한 일인지도 모릅니다. 아무런 밑천 없이 시작해서 10억을 모으는 데는 재테크에 대한 상당한 지식과 노력도 필요하지만, 솔직히 말해 천부적인 재능과 운이 따르지 않으면 불가능하다고 봐야겠죠. 축구를 하는 사람은 많지만, 국가대표가 되어 월드컵 경기에 출전하는 영광을 누리는 사람은 몇 명 안 되듯이 10억을 모으는 일도 마찬가지입니다. 아무나 모을 수 있는 그리 호락호락한 숫자가 아닌 것이죠.

그렇다면 그 동안의 이러한 열풍은 우리 서민들에게 완전히 무의미하고 허황된 꿈일까요? 그렇지 않다고 생각합니다. 몇 해 전부터 우리 사회에 일었던 '부자아빠'와 '10억 만들기'는 자본주의 사회에 살면서 가장 중요한 요소 중 하나인 돈에 대해 공개적으로 관심을 갖게 되는 계기를 만들었다는 데 그 의미를 부여하고 싶습니다. 원래 뭐든지 공개적으로 이야기할 때 그 내용은 건전해지는 법입니다. 예전에도 우리는 돈을 좋아했습니다. 하지만 항상 돈 이야기를 하는 것은 천박한 모습으로 비하시키는 경향이 있었습니

"일확천금을 노리기보다는 자신의 상황에 맞게 종자돈을 모으고
근검절약하며 미래를 준비하는 자세가 필요합니다."

다. 실제로는 좋아하면서 겉으로는 무관심한 척하는 것은 결코 건전하다고 볼 수 없습니다. 공개적으로 논의하고, 공개적으로 지식과 정보를 공유해야만 좀더 건전하고 발전적일 수가 있죠. 그런 관점에서 '10억 만들기' 같은 재테크 열풍은 돈에 대한 우리의 관점을 좋은 방향으로 바꾸는 데 일조했다고 생각합니다. 10억을 만들기 위해 먼저 종자돈을 모으고, 금융상품에 관심을 가지면서 근검절약과 규모 있는 가계를 꾸려나가는 알뜰파들이 많이 생겨나지 않았나 생각됩니다.

하지만 무슨 일이든지 동전의 양면은 있는 법이며 또한 과정을 무시하고 결과만 쫓으면 언제나 문제가 발생하게 마련입니다. '10억 만들기' 열풍도 마찬가지입니다. 건전한 사고방식으로 차근차근 미래를 준비하는 자세가 아니라 10억이라는 결과에만 치중해서 대박만을 꿈꾸다가 사회에 물의를 일으키는 일도 비일비재합니다.

그리고 금융기관을 비롯해 출판·방송 등에서조차 이러한 10억 열풍을 너무 상품화하는 경향이 있는 것 같습니다. 사실 열풍을 만들기 위해서는 다소의 과장이나 대박 스타들이 필요한 것은 사실입니다. 그러다 보니 10억 이상의 부자들을 소개하면서 그 사람들의 노력과 과정보다는 너무 결과만 강조한 나머지 일반인에게 괜한 괴리감만 조장시키고 있는 것 같습니다. 하지만 현실과 드라마를 구분해야 하듯이 이런 10억 열풍에도 좀더 냉철하게 대처할 필요가 있겠죠.

금융권에서 오랫동안 일을 하다 보니 돈을 좇는 사람들을 많이 보게 됩니다. 하지만 정작 부자들은 이런 사람들이 아닙니다. 얼마 전 큰돈을 번 선배에게 돈 버는 비결을 물었더니, 그 선배가 이런 말을 했습니다. "솔직히 나도 잘 모르겠고, 그냥 열심히 하다 보니 기회가 찾아왔다"고 말입니다. 정말 싱거운 비결이 아닐 수 없습니다. 하지만 그게 진실이고 현실이 아닐까 생각됩니다. 일확천금보다는 자기 그릇에 맞게, 자기 환경에 맞게 열심히 삶을 이끌어나간다는 자세가 더 중요한 게 아닐까요?

동물적 감각으로 승부하라

A씨 : "시중에 나와 있는 경제·금융 관련 서적을 여러 권 읽었죠. 게다가 인터넷에서 '10억 만들기' 카페 같은 곳에도 가입해 많은 정보를 얻었답니다. 하지만 아무리 노력해도 뜻대로 큰돈이 모이지 않더라고요. 주식투자도 제가 사면 폭락하고 팔고 나면 주가가 폭등을 하는 거예요. 제가 머리가 나쁜 것일까요? 아니면 운이 없는 걸까요? 어디서 전문가가 나타나 단방에 대박이 터지는 비결을 좀 알려줬으면 좋겠어요."

K씨 : "재테크요? 그거 꿈도 못 꾼답니다. 쥐꼬리만한 월급에 애들 사교육비 대느라 허리가 휘어지는데, 무슨 적금에 무슨 주식투자입니까! 그 돈 있으면 애들 교육에나 투자하고 그래도 돈 남으면 간만에 외식이나 해야죠. 주위에서 재테크, 재테크 하는데 그거 다 돈 있는 사람들이나 하는 거지, 저하고는 거리가 멀어요."

위 두 사람은 재테크에 대해 서로 상반된 입장입니다. 한 사람은 재테크를 위해 상당히 많은 노력을 하고 있는 반면, 나머지 한 사람은 재테크와 아예 담을 쌓은 모습입니다. 하지만 결과적으로 이 두 사람은 공통점이 있습니다. 둘 다 돈을 모으지 못하고 있다는 것입니다. 게다가 A씨의 경우, 몇 번 더 주식투자에 실패하면 아예 모든 걸 포기하고 K씨와 같은 노선을 걷게

"재테크에 대한 꾸준한 관심과 정보수집으로 내공을 쌓아야 큰 투자를 할 때
동물적 감각으로 승부수를 던질 수 있습니다."

될 수도 있을 것 같습니다. 그리고 보면 재테크를 통해 노후에 경제적인 독립을 한다는 것은 정말 어려운 일인가 봅니다. 하지만 어차피 자본주의 사회에 사는 이상 돈을 모으면서 살아야만 합니다. 이는 우리에게 내려진 준엄한 현실입니다. 그럼 어떻게 해야 할까요?

독일의 심리학자인 마야 슈토르흐(Maja Storch)의 《동물적 감각으로 승부하라(Das Geheimnis Kluger Entscheidungen)》는 책에서 그에 대한 해답을 어느 정도 찾을 수 있을 것 같습니다. 참고로 이 책은 금융지식이나 재테크와는 전혀 상관이 없는 내용입니다. 이 책에서 저자는 "우리가 살아가면서 어려운 문제에 직면할 때 이성적인 판단에 의존하기보다는 감성적인 직감을 통해 해결하는 게 더 큰 도움이 된다"고 말합니다. 역사적 위인이나 성공한 기업가들은 대부분 직감이나 육감으로 사고하고 판단했다는 설명입니다. 과학이 발달하면서 인간은 너무 이성적인 것만 중시한 나머지 직감이나 육감을 비합리적이고 미신적인 요소라고 멸시해 왔습니다. 하지만 결국 미래의 돌발 변수까지 모두 예상할 수 있는 완벽한 이성적 판단은 불가능합니다. 따라서 마치 동물들이 직감으로 위기를 모면하듯이 우리도 이러한 직감에 의존해야 한다는 것이죠.

재테크를 하는 것도 이와 같은 맥락입니다. 주식투자를 하고 펀드 상품에 가입을 하는 데 정해진 각본은 없습니다. 변화하는 경제상황에 따라 채권형이 좋을지, 주식형이 좋을지 매번 바뀌게 됩니다. 종자돈을 모은 후 위험을 감수하고 큰 투자를 할 때도 매뉴얼이 정해진 게 아닙니다. 그렇기 때문에 매 순간순간마다 이성적 판단보다는 동물적 감각에 의존해야 합니다. 하지만 백지 상태에서 아무런 훈련 없이 동물적 감각을 발휘하기란 쉽지 않은 일입니다.

축구 경기에서 유능한 팀은 거의 본능적이고 기계적으로 뛰어난 플레이를 펼칩니다. 하지만 이들의 행동 뒤에는 평소 꾸준한 연습이 있었습니다.

기초체력 훈련부터 쌓아온 땀들이 자양분이 되어 실전에서 힘을 발휘하는 것입니다. 우리가 평소에 경제나 금융에 관심을 가지고 그 지식을 습득하는 이유는 바로 여기에 있다고 하겠습니다. 당장 책 한 권 읽고 주식투자를 한다고 해도 대박이 터질 리 없습니다. 꾸준한 관심과 정보 수집으로 내공을 쌓아나가야 합니다. 그래서 이러한 것들이 자양분이 되어 정말 중요한 의사결정의 시기가 왔을 때 동물적 감각으로 승부수를 던질 수 있는 것이 아닐까요? 탁월한 투자판단으로 유명한 워렌 버핏이나 존 템플턴, 그리고 한국의 박현주 미래에셋 회장 같은 경우에도 책 읽기를 게을리하지 않았다는 것은 바로 이런 이유 때문일 거라 생각합니다.

PART 2
아는 만큼 고수익을 올리는
펀드투자

내돈이예요~
I ♥ 도♡온

근데 요걸 어떻게 관리한담.
주식이나 해볼까?

망했다
생각을
말자

펑
걱정 뚝!
약은 약사에게
진료는 의사에게
주식은 내게..
짹 끝내줘요
깜짝

근데 아저씰
뭘 보고 믿지?

피아노
줄
하하하
둥둥

일떡줘지~
팟!
?

고객님 돈
뻥 튀겨드림
그대신,
수고비 쪼매만
주세용^^
2015.
뻥

그 종이쪼가리가
바로 '수익증권'
이란 겁니다.

이런이런..
아직도
못 믿으시겠다는
표정..
즐~~

그렇다면..
나는야 정부공인
'투자신탁운용회사'
허가정부
짜잔
바지는 왜..

근데 아저씨가
주식운용 잘못해서
내돈 다 날리면?
워쩔겨 워쩔겨
후후후..

그럼 난
바빠서 이만..
둥둥둥
아...글쿠나..
그건 투신사 잘못 고른
당신 잘못!
그러니 깡통차라.
이것이 수익증권의
냉혹한 논리예용~

수익증권이란 무엇인가

최근 저금리 기조가 지속되면서 일반 예금상품에 비해 간접투자 상품인 수익증권(beneficiary certificate)에 대한 관심이 부쩍 높아졌습니다. 하지만 정작 수익증권이 뭐냐고 물으면 명확하게 대답하는 사람이 드문 게 사실입니다.

수익증권을 설명하기 전에 '증권(유가증권)' 에 대해 먼저 설명을 해야겠군요. 증권이란 실제로 돈은 아닌데, 돈으로 인정되는 종이입니다. 다시 말해 돈을 빌린 후 '언제까지 그 돈을 갚겠다' 라고 글을 쓴 종이에 도장 쾅 찍었다면 그게 바로 증권인데, 이 종이를 가지고 있으면 언젠가는 돈으로 받을 수 있기 때문에 '돈으로 인정되는 종이' 인 셈이죠.

수익증권도 이러한 증권의 일종입니다. 그럼 이제 본론으로 들어가 수익증권에 대해 설명하겠습니다.

수익증권을 쉽게 설명하기 위해 예를 하나 들겠습니다. '문외한' 이라는 사람이 있는데 돈을 1,000만 원 정도 가지고 있었죠. 하지만 그는 이 돈을 좀 굴리려고 직접 주식투자를 하자니 겁이 났답니다. 그래서 누군가 주식을 잘 하는 사람을 찾아서 맡기고 싶은데 이 또한 쉽지가 않았죠. 누가 전문가인지도 잘 모르며, 또 아무리 전문가라 해도 그 사람이 돈을 떼어먹고 달아날 수 있으니까요.

그래서 문외한씨는 그 돈을 가지고 우리가 흔히 '투신사' 라고 부르는 자산

운용회사를 찾아갔죠. 그곳은 남의 돈을 대신 맡아서 주식이나 채권에 투자를 하도록 정부로부터 허가를 받은 금융기관이니까 말이죠. 정부가 허가를 해준 만큼 펀드매니저(fund manager)라는 믿을 만한 전문가들이 많이 있거든요.

하지만 이것도 돈이 왔다갔다하는 건데 그냥 무턱대고 돈만 맡기고 잘 부탁한다고 악수하고 헤어질 순 없겠죠. 그래서 투신사는 "당신이 100만 원의 돈을 맡겼고 이것을 얼마의 기간 동안 주식이나 채권 등에 투자해서 잘 운용하겠다, 그리고 수익이 생기면 투신사가 약간의 수고비를 떼어내고 나머지 돈은 모두 당신에게 돌려주겠다"라는 내용을 종이에다 써서 도장을 찍어 문외한씨에게 내주게 되죠. 이 종이증서가 바로 수익증권입니다.

예? 하지만 수익증권에 가입하면 증서를 주는 게 아니라 통장을 내준다고요? 물론 그렇습니다. 그래서 일반 사람들이 수익증권을 일반 예금과 혼동하는 겁니다. 하지만 수익증권에 가입하고 받은 통장은 은행의 예금통장과 그 의미가 다릅니다.

일단 수익증권에 가입해 그 중요한 증서를 받은 후 꼭 그걸 잃어버리는 사람이 생기게 마련이죠. 그리고 추가적으로 돈을 넣을 때 매번 수익증권을 새로 만들어야 하는 불편함도 있고요. 그래서 편의상 통장을 만들어주는 거죠. 즉 증서는 투신사에서 대신 보관을 하고 이를 증명하기 위해 통장에다 증서의 일련번호와 금액 같은 것을 찍어서 고객에게 내주는 겁니다. 그래서 수익증권 통장은 일반 예금통장이 아니라 수익증권 보관대장쯤으로 생각하면 됩니다. 물론 요즘엔 실제 종이로 증서를 만드는 일도 거의 없어졌죠. 대부분의 경우 그냥 전산으로 입력해서 데이터로 보관합니다.

선배 잘 먹었어요.

저두유~

Me too~♬

야 이 빈대놈들아!
니들 눈엔 내가 밥사는
기계로 보이냐?
혼자 '직딩'
WC
여보세요
여보세요
잘 안들려요

더 이상은 이렇게 못살아~
이시간부로 '펀드'를
조성하겠다.
이자식들이 ....
으드득

뭐! 본드!!
교당
이후로
첨이야
샬랄라~
본드

무엇무엇을 하려고
모은 돈,
그게 바로 펀드라는 거다.
우리말로는
기금이라고 하지.
무식한
놈들..

뮤추얼 펀드
거기에 하나 더!
커

일단 니들 담배값, 당구비, 술값 등등
모두 내게 맡긴다.
부풀려서 돌려주마.
이대로 가다간 니들 폐인되는건
시간문제...
알겠냐?

그럼 니들은 주주가 되는거고,
밀지좀 마
주주

나는 가상회사의
펀드매니저!
PAPER COMPANY

또 하나!
이 펀드는 폐쇄형이다.
PAPER CA

1년 동안은 투자한 돈
빼낼 생각 마. 나만 믿고...

나 같은 훌륭한
선배 둔 걸
고맙게 생각해라.
알것냐 이놈들아?
흠흠

당구 한판?
O.K
살인충동.....

펀드란 무엇인가

지금까지 수익증권에 대해 설명했습니다. 그런데 우리는 '수익증권' 이란 말 못지않게 '뮤추얼 펀드(mutual fund)' 란 말을 자주 듣습니다. 투신사에서 운용하는 간접투자 상품이란 점에서 비슷한 거 같긴 한데 과연 무슨 차이가 있을까요?

'뮤추얼 펀드' 를 설명하기 전에 '펀드' 라는 말을 먼저 살펴볼 필요가 있습니다. 펀드(fund)란 우리말로 기금(基金)이라고도 하며, '특정 목적을 위해 모은 돈' 또는 '그 돈이 모여 있는 단체 · 회사' 를 뜻합니다. 예를 들어 유니세프(UNICEF)라는 '국제연합아동기금'은 전쟁피해 아동이나 저개발 국가 아동을 돕기 위한 '목적' 으로 모은 돈이나 단체를 지칭하는 거죠.

그럼 투신사에서 파는 펀드 상품은 뭘까요….

쉽게 말해, 투신사 펀드매니저가 주식 · 채권 등에 투자해서 돈을 벌어다 줄 목적으로 일반 투자자로부터 모은 돈(또는 그러한 돈이 모여 있는 회사)이라고 보시면 됩니다. 어? 그럼 수익증권과 뭐가 다를까요? 투신사에서 고객의 돈을 받아서 운용하는 건데 말이죠. 예, 맞습니다. 수익증권에 가입해 모은 돈도 일종의 펀드입니다. 같은 대상이라도 이렇게

부를 수도 있고, 저렇게 부를 수도 있는 것 아니겠습니까?

하지만 우리는 뮤추얼 펀드라는 말에 다시 고개가 숙여집니다. 이 펀드는 과연 또 무슨 펀드란 말입니까?

뮤추얼 펀드 역시 한 마디로 돈을 벌기 위한 목적으로 만들어진 펀드입니다. 하지만 수익증권과는 약간 다릅니다. 먼저 일반 투자자로부터 돈을 모아서 투신사가 투자하려는 대상(그 대상이 채권이면 채권형, 그 대상이 주식이면 주식형 등)에 맞게 서류상 회사(paper company)를 만드는 겁니다. 그래서 투자자는 수익증권에서처럼 소유자의 자격이 아니라, 뮤추얼 펀드라는 회사의 주주가 되는 것입니다. 즉 돈을 주고 서류상 회사의 주식을 사는 거라 보면 되죠. 그래서 그 회사가 주식을 발행하여 모은 돈으로 채권형이면 채권에, 주식형이면 주식에 투자를 하고 이렇게 번 돈으로 배당하는 거죠. 펀드(서류상 회사)에 돈을 많이 태운 사람은 주식 수가 많으니 배당금을 많이 받고, 적게 태운 사람은 주식 수가 적으니 배당금을 적게 받는 겁니다.

따라서 설립형태부터 다릅니다. 수익증권은 당사자 간의 신탁계약, 뮤추얼 펀드는 법인형태의 주식회사랍니다. 설립근거법의 경우 예전에는 수익증권은 증권투자신탁업법, 뮤추얼 펀드는 증권투자회사법에서 규정했는데요. 자본시장에서의 간접투자를 활성화하기 위해 이 두 법이 폐지되고 이를 통합한 '간접투자자산운용업법'이 2003년 말 제정됨으로써 수익증권이나 뮤추얼 펀드 둘 다 간접투자자산운용업법을 그 근거법으로 삼게 되었답니다.

그럼 수익증권만 있으면 되지,

왜 뮤추얼 펀드를 만들어서 사람 헷갈리게 할까요? 자, 생각해 보세요. 펀드매니저(운용역)가 100억짜리 펀드를 만들어 이 채권 저 채권, 이 주식 저 주식하며 1년 동안의 투자계획을 세웠다고 칩시다. 그런데 1년 동안 주가도 출렁, 금리도 출렁하겠지요? 그럼 펀드에 투자한 사람들은 겁나서 돈을 빼려고 하겠죠. 이러면 펀드매니저의 입장에서는 '1년 후면 내 계획대로 돈 많이 벌어줄 수 있는데, 성급하게 돈을 빼니 큰일이네…' 하며 불안해할 겁니다. 그래서 안정적이고 자율적인 펀드 운용을 위해 회사(서류상 회사)를 설립하고 돈 태운 사람이 돈을 못 빼게 하는 거랍니다(폐쇄형 뮤추얼 펀드). 일반 회사의 경우에도 1년 간 경영을 하고 나서 주주들이 주주총회를 열어 경영을 평가하지, 그 전에 "회사가 수익이 안 나니 문 닫고 내 돈 돌려달라"고는 하지 않듯이 말입니다.

그렇다면 한번 돈 태운 사람은 그 펀드의 만기시까지 돈도 못 빼고 마냥 기다려야 할까요? 물론 그건 아니죠. 사실 뮤추얼 펀드는 서류상 회사형태이며, 이 역시 주식회사이기 때문에 주식시장에 상장시킬 수 있습니다. 그렇게 되면 일반 주식을 거래하는 것과 똑같이 되죠. 따라서 아니다 싶으면 만기까지 기다릴 필요 없이 주식시장에서 팔면 됩니다. 결과적으로 투자자는 펀드를 환매해서 돈을 빼는 것과 같은 효과를 보게 되죠. 하지만 펀드매니저 입장에서 보면, 여전히 자기가 담당한 뮤추얼 펀드의 주주만 바뀐 거지, 펀드에서 돈이 빠져나간 건 아닙니다. 삼성전자 주식을 내가 팔았다고 해서 삼성전자 자본금이 줄어드는 건 아니듯이 말이죠.

경제신문에 실린 주가시세표의 증권투자회사부를 보시면 '박현주△△호'와 같은 이상한 회사이름의

주가가 오르내리는 것을 볼 수 있을 겁니다. 그게 바로 뮤추얼 펀드랍니다. 물론 2001년 이전, 뮤추얼 펀드가 도입되던 초창기에는 환매가 자유롭지 못한 폐쇄형만 만들 수 있었지만 최근 들어 환매가 가능한 개방형 뮤추얼 펀드가 활성화되면서 사실상 수익증권과 뮤추얼 펀드를 구분 짓는 것은 큰 의미가 없어졌다고 할 수 있습니다.

〈뜬금없는 SF버전〉
드디어... 드디어 해냈다!
울먹 울먹

훈아!
전 원만인데요. 백 원 만
옷은또 이베 모냐

연구시작 어언 일주일만에 초특급 울트라파워병기인 '로보트 취권 SPC'의 설계도가 완성되었도다.
SPC
아~

이제 각분야 전문가가 그동안 따로 팔기 힘들었던 부품(채권들)만 가져오면 된다.
똥꼬 먹었다
전문가 등장!
SPC

헤드전문가 '나대두' 박사
팔다리 전문가 '한팔' 박사
교감신경 전문가 '팜므 파탈' 박사
흡
SPC

작업시작
뚝딱 뚝딱
SPC

5분후...
킁!
SPC
酒
완성!

보라~
저 위풍당당한
로보트 취권 SPC
(특수목적법인)를...

이제 멋지게 발사성공
하는 일만 남았다.
이를 근거로 증권(ABS)을
발행/판매하면
우린 떼부자가 되는거쥐.
근데
저렇게 무거운 걸
발사대까지
어떻게 옮긴다요?

아차...
휘~잉

그냥 운동이라고
생각 하라니깐..
내 이담에 돈벌면
자장면 한그릇
쏠팅게..
발사대

03

ABS란 무엇인가

ABS란 'Asset Backed Security'의 약자입니다. 우리말로 '자산유동화증권'이란 뜻이죠. 그럼 그게 뭐냐고요?

'자산'이란 다들 아시다시피 '어떤 사람이 가지고 있는 돈 되는 물건'이죠. 물건이라고 해서 꼭 보이는 것만은 아니고 '권리' 같은 거죠. 예를 들어 현금이나 컴퓨터 등도 자산이지만, 남에게 돈 빌려준 것(보이지는 않지만)도 자산이죠. 컴퓨터가 팔아서 돈이 된다면, 남에게 돈 빌려준 것은 나중에 빌린 돈 받으면 돈이 되니까요….

'증권'이란 '언제까지 돈을 돌려주겠다고 도장 콱 찍은 종이 쪼가리'를 말하는 것이죠.

그럼 마지막으로 '유동화(流動化)'란 무엇일까요? 이는 마음만 먹으면 언제든지 돈을 받고 팔 수 있는 물건으로 만드는 걸 말하죠.

위의 설명을 종합해 보면 ABS(자산유동화증권)란 유동화시키기 어려운(제3자에게 팔기 어려운, 또는 현금으로 쉽게 바꾸기 어려운) 기업(또는 금융기관)의 자산들(예를 들면 채권이나 대출 등)을 한데 모아서 이를 판매하기 쉽게 증권으로 만들어 제3자(연기금·펀드·기타 투자자)에게 파는 것을 말합니다.

예를 들어보면요. A은행이 여러 기업에 돈을 빌려주고

대출계약을 맺었습니다. 그럼 A은행은 각 기업들의 대출 만기 시점에 대출금을 받을 수 있는 권리가 생깁니다. 하지만 만기가 되기 전에 A은행에 갑자기 큰돈이 필요하게 되었다고 합시다. 그렇다고 기업에 찾아가서 바로 돈을 갚아달라고 할 수는 없겠죠. 엄연히 대출 만기시점이 있는데 말입니다. 그렇다고 대출계약서 자체를 시장에 내다팔고 필요한 돈을 받을 수도 없습니다. 계약서는 엄연히 A은행과 기업들 사이의 계약이니까요. 파는 물건이 아니죠.

바로 이때 ABS가 필요한 것입니다. 일단 A은행의 이러한 계약서를 SPC(special purpose company)라는 특수목적법인을 만들어 이곳에다 모으죠. 물론 SPC는 서류상의 회사(paper company)입니다. 이렇게 모은 대출계약서를 근거로 증권을 발행하면 이게 바로 ABS입니다. 그런 후 이를 제3자에게 파는 거죠. 그럼 그 돈이 SPC를 거쳐 A은행으로 가게 됩니다. 그리고 이 ABS를 매입한 제3자는 나중에 대출 만기가 되어 기업들이 돈을 갚게 되면, 그 돈을 SPC를 통해서 받아가는 겁니다.

토욜에는 죄다 재방송이구먼.. 시청자를 뭘로 보는거야?

삼촌
왜?

내가 지난 주에 맡긴 돼지저금통 있잖아..
뜨끔
푹

아~ 아 10만원인가 들어있던 그거?
우물 쭈물

정확히 10만원! 그거 다시 돌려줬으면 해.

삼촌이 그걸 종자돈으로 얼마나 열심히 수익을 내고 있는 줄 아냐?
벌써 만원이나 불었다야

그래도 돌려줘. 새로 나온 컴퓨터 게임 살거란 말야.

그렇다면 할 수 없군. 근데 너! 한달 이내에 돌려달라고 할 경우 벌금 낸다고 약속했쥐? 기억 나?

조카 코묻은 돈 갖고 치사하게 ....
벌금 내면 되잖아. 얼만데?

'정률제', '정액제' 중 한가지를 선택할 수 있겠다. 디테일한 내용은 차트를 통해 설명해 주마.
으쓱

알겠냐?
정률제: 벌어들인 펀드수익에 대해 일정한 비율로 수수료를 부과하는 방법.
정액제: 환매하려는 금액을 기준으로 일정금액을 수수료로 차감하는 방법.
이게 무슨 시츄에이션?

오호 대단한데... 전혀 삼촌답지 않은 자태인 걸..
뭔가 구려...

미리 공부해 두길 잘했군.
강의 환매수수료
'이정도는 기본'이라고 말하는 잘난척 포즈.

강의 하느라 수고 했고. 빨랑 돈이나 돌려 줘. 얼렁 사러 가게.
잘난척 못봐주겠네

사실 그게.. 고스톱판 아니, 고수익 게임에서 몽땅...

아흑

펀드의 만기와 환매

대부분의 펀드 상품에는 '만기'란 게 없습니다. 펀드의 수익률이 좋으면 계속 돈을 넣어둘 수 있고, 반대로 펀드의 수익률이 나쁘면 언제든지 돈을 찾을 수 있습니다. 이렇게 가입한 펀드에서 돈을 찾아가는 것을 '환매(還買)'라고 한답니다.

그런데 말이죠. 투자자가 펀드에 돈을 넣은 지 얼마 되지 않아 별다른 이유 없이 돈을 빼겠다고 한다면 나름대로 계획을 잡아놓고 자산을 운용하는 펀드매니저 입장에서는 상당히 난감할 겁니다. 따라서 일정 기간 동안은 돈 빼는 것을 자제해 달라는 뜻에서 소정의 패널티를 매깁니다. 이를 '환매수수료'라고 하죠. 그럼 이렇게 거둬들인 환매수수료는 자산운용회사가 그대로 먹는 걸까요? 그렇지는 않습니다. 이 돈은 다음 영업일까지 펀드에 편입되어 남아 있는 투자자들에게 돌아가도록 만듭니다.

환매수수료 부과방법으로는 펀드 상품마다 제각각 다르지만 일반적으로 '정률제'와 '정액제' 두 가지 방법이 있습니다.

- '정률제'란 중도 환매를 할 때 자신이 벌어들인 펀드 수익에 대해 일정한 비율로 수수료를 부과하는 방법입니다.
- '정액제'란 환매하려는 금액(좌수)을 기준으로 일정 금액을 수수료로 차감하는 방법을 말합니다.

예를 들어보면요. A씨가 펀드에 1,000만 원(1,000만좌)을 가입했는데 얼마 후 100만 원의 펀드 수익이 났다고 해보죠. 이런 상황에서 A씨는 '환매수수료 부과기간' 중에 환매를 하려고 합니다.

● 정률제의 경우, 60% 환매수수료를 부과한다면 총 60만 원(100만 원×60%)을 수수료로 떼이게 되죠. 결과적으로 A씨는 1,100만 원이 아니라 1,040만 원만 가져가게 되는 겁니다(여기서 세금 등은 고려하지 않음).
● 정액제의 경우, 1,000좌당 30원의 환매수수료를 부과한다고 해보죠. 그럼 총 30만 원(1,000만 좌×30원/1,000좌)을 수수료로 떼이게 되죠. 그럼 A씨는 총 1,070만원을 가져가는 거죠.

여기서 조금만 관찰력이 뛰어나다면 펀드 수익이 많이 날 경우 정률제가 불리하다는 사실을 알 수 있을 겁니다. 왜냐하면 정률제의 경우 펀드 수익에서 일정 비율을 떼어가므로 수익이 많이 날수록 수수료 역시 많이 떼어가기 때문이죠. 따라서 높은 수익이 예상되는 경우라면 환매하려는 금액(좌수)에 대해 일정 금액을 수수료로 떼는 정액제가 더 유리합니다.

하지만 이러한 환매수수료는 펀드를 고를 때 부수적으로 참조할 사항일 뿐이지, 크게 신경 쓸 필요는 없습니다. 그것보다는 자신의 자금 입출금을 잘 관리하여 모처럼 투자한 펀드를 특별한 이유 없이 환매해서 손해 보는 일이 없도록 하는 게 더 중요하겠죠.

요놈들이 요새 잠잠하네. 밥 사달라고 연락도 없고...
멸종된 걸로 알려진 핸드폰!
좋다 까짓것! 선배인 내가 술한잔 쏴주쥐..
뾱
뾱

아..원만이냐? 저녁때 술한잔 사줄테니까 거기로 나와라.

에~ 내가 요새 쫌 바쁘긴 헌데.. 그래도 나가보도록 하죠.
앙~ 내 하드

예? 꽁짜 술요?? 없는 시간 만들어서라도 꼭 나갈게요.
벌떡
낮잠 자던中

선약이 있긴한데.. 할수없죠. 선배 체면을 봐서리.. 나가주죠.
죄다 백수들인 주제에...

COFFEE
돼지가 술독에 빠진날
360~번지

근데 갑자기 웬 호의를 베푸시나~ 요? 설마 우리한테 뭐 부탁할 거라도?
그러게...

사실 나 오늘 펀드에 가입했거덩. 20만좌 샀지.. 며칠 내로 기준가가 껑충 뛸거다 이말씀.
니놈들한테 할 부탁이 뭐 있겠냐

펀드는 얼마전에 배워서 알겠는데...
'좌'는 뭐고 '기준가'는 또 뭐다냐??

그럼 그렇지..
니놈들이 그걸 알 턱이 있나..
주식의 경우 주(株)라는 단위를 사용하고
주가로 그 값어치를 나타내듯이..
야! 일어나
집에가자

펀드상품은 좌(座)라는 단위로 그 양을
나타내쥐.
또 기준가의 변화에 따라 손익을
알 수 있는 것이다.
하나 더 알려주자면, 펀드는 일반적으로
1000좌 단위로 거래한단다.
아 냅둬
쾅

모름지기 투자자라면
'좌'의 개념정도는
기본적으로 알고
있어야겠다.
좌기
좌랑만..
좌-악
하고있네
우걱
우걱
.....

이제 그만
가좌~
나두가서
좌야겠다
꺼~억
좔 먹었다
이 좌식들
거기
안서!

손님!
계산하고
가셔야죠

18만원 입니다
많이도
처먹고
내뺐네.. 흑

주식은 주수, 펀드는 좌수

주식이나 펀드를 세는 단위는 무엇일까요? 주식의 경우라면 대부분의 사람들이 알고 있을 겁니다. '주(株)'라는 단위를 사용합니다. '오늘 나는 삼성전자 20주를 주당 5만 원에 샀지' 하고 말을 합니다. 이렇게 주식은 주수로써 자신이 보유하고 있는 주식의 양을 나타냅니다. 그럼 펀드 상품의 경우는 어떻게 나타낼까요? 펀드 상품은 '좌(座)'라는 단위로 그 양을 나타냅니다. 예를 들어 1원에 1좌의 펀드를 사고팔고 하는 식이죠. 그런데 말이죠. 1좌라고 하면 너무 작기 때문에 거래하기가 쉽지 않습니다. 따라서 일반적으로 펀드 상품의 경우 1,000좌 단위로 거래를 한답니다. 마치 대부분의 주식이 10주 단위로 사고파는 것과 마찬가지로 말입니다.

주식투자나 펀드투자에서 이렇듯 세는 단위가 중요한 것은 이게 바로 자신이 얼마만큼 수익을 내고 있는지 또는 손해를 보고 있는지를 알 수 있는 척도가 되기 때문입니다. 주식의 경우, 삼성전자 20주를 주당 5만 원에 샀다고 한다면, 굳이 말하지 않아도 총 100만 원을 투자한 걸 알 수 있습니다. 그런데 삼성전자 주가가 5만 2,000원이 되었다면 어떻게 될까요? 이 역시 구차하게 설명할 필요도 없이 4만 원(20주×2,000원)의 수익이 생겼음을 알 수 있습니다. 즉 자신이 투자한 주식의 주수와 주가를 알고 있으면 간단한 곱셈으로 손익을 계산해 낼 수 있는 것이죠.

펀드 상품도 마찬가지입니다. 자신이 몇 좌를 투자했는지, 그리고 투자할 당시 1,000좌당 기준가(주식은 주가, 펀드는 기준가라고 합니다)는 얼마인지를 알고 있으면 향후 기준가의 변화에 따라 펀드투자에서 얼마의 수익을 내고 있는지, 아니면 손해를 보고 있는지를 알 수 있는 거죠.

하지만 대부분의 사람들은 '좌수'나 '기준가'에 대한 개념이 미약합니다. "오늘 1,000만 원을 △△펀드에 가입했어" 하고 말하는 사람은 많지만, "그래서 현재 몇 좌를 보유하고 있니?"라고 물으면 대답을 못하는 사람이 허다합니다. 그렇다고 해서 '좌수는 어떻게 계산하지?' 하고 난처해 할 필요는 없습니다. 펀드 상품의 좌수와 기준가는 금융기관에서 알아서 계산해서 펀드통장의 '좌수란'과 '기준가란'에 찍어서 줍니다. 따라서 투자자라면 이를 확인만 하면 됩니다.

모름지기 투자란 돈을 벌기 위해 하는 것입니다. 그렇다면 주식투자에서 자신이 몇 주를 가지고 있는지 알고 있듯이 펀드투자에서도 몇 좌를 가지고 있는지쯤은 알고 있어야 하지 않을까요?

그러니까 니들 돈을 맡길테니깐 나보고 대신 투자를 해달라?

즉,
펀드를 운용해 달라 이 말이군.
펀드

옙! 그러쉬미다

이제서야 니놈들이 나의 능력을 깨달은 듯 하구나. 좋아 맡아주쥐.

우리의 피와 땀같은 돈이니까요..
혹시라도 그 돈으로 장난치구 그러면 안되시와요~
글썽 글썽

맞아요. 먹고싶은 것도 못먹고 모았다는...
난 10kg이나 빠졌다구.
오바좀 하지마
푹~

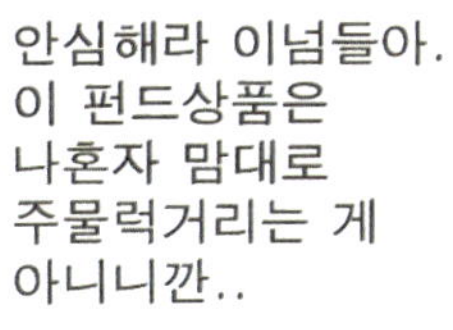

안심해라 이넘들아.
이 펀드상품은
나혼자 맘대로
주물럭거리는 게
아니니깐..

나는 펀드매니저!
펀드에 모인 돈을
주식이나 채권에 어떻게
투자할지에 대한
운용지시를 내리는
'자산운용회사' 역할을
맡고있지.

이 친구는 '판매회사' 역할.
니들은 펀드를 사기 위해
나한테가 아니라 이 친구한테로
가야하는 것이쥐.
방가방가
언제 나타난 거냐?

그리고… 여분은
… 헤헤 그러니까…
아 왜 버벅대냐

'수탁회사' 역할을
맡게 되실거야.
즉, 펀드의 돈을 보관하신다
이거야.
안냐세요
와.
이뿌다.

이제야 안심하고
맡길 수 있겠네요.
우리가 모은 돈
얼렁 드려.
O.K~

자 여기
3만원요.
만원씩
모았어요.

쳇!
싫으면 관두라지..
그러게..
날 봐서
참아주게.
쟤네들 사실
유명한
싸이코들이야.
삼식씨!
앞으론 연락하지
마세요

펀드(수익증권)와 관련된
여러 금융기관

뮤추얼 펀드나 수익증권은 대표적인 간접투자 상품입니다. 자신의 돈을 직접 투자하는 게 아니라 남에게 맡겨서 투자를 하도록 하는 거죠. 물론 그 결과가 잘 되었든, 잘못되었든 전적으로 자신이 책임지는 것으로 하고 말이죠. 그러다 보니 자신의 알토란 같은 돈을 맡겨놓고 두 다리 쭉 뻗고 잔다는 게 그리 쉬운 일은 아닐 것입니다.

하지만 정부의 허가로 만들어진 펀드 상품이 그리 허술하지는 않겠죠. 나름대로 운용이나 감사 등에서 법적 · 제도적으로 안전장치가 되어 있답니다. 게다가 펀드 상품은 믿을 만한 자산운용회사(투신사)와 그 외에도 여러 개의 금융기관들이 상호 견제하며 운용하게끔 되어 있답니다.

그림 펀드 상품에 관여하고 있는 금융기관들은 어떤 곳이 있을까요?

펀드에 모인 돈을 주식이나 채권 등에 어떻게 투자할지에 대한 운용지시를 내리는 곳이 바로 '자산운용회사'입니다. 흔히 말하는 투신사를 이야기하죠. 여기서 일하는 펀드매니저(운용역)들이 이 일을 담당합니다. 따라서 좋은 펀드 상품을 선택할 때는 해당 자산운용회사가 얼마만큼 운용능력이 있는가를 살펴봐야겠죠.

'판매회사'의 경우 만들어진 펀드 상품을 판매하는 곳을 말합니다. 증권회사, 은행, 보험회사 등의 금융기관이 펀드 판매회사가 되는 거죠. 따라서 고객들은 펀드를 사기 위해 투

정략적 평가란 객관적인 펀드 운용 결과로 평가하는 것입니다. 펀드 유형별로 평가하며 상당히 객관적인 정보를 얻을 수 있습니다. 매년 말 경제신문 등에서 운용회사의 순위를 정해서 발표하고 있으며, 펀드 평가회사 홈페이지에서도 서비스를 제공하고 있습니다.

정량적 평가가 과거의 데이터를 기초로 하는 반면, **정성적 평가**는 다양한 요소를 반영합니다. 수익률이 낮더라도 펀드운용 내역이 건전한지, 리스크 관리나 회사 내부 통제제도는 잘 갖추어져 있는지, 펀드 매니저의 능력은 어떠한지 등은 매우 중요한 평가 요소이지만 객관적으로 파악하기가 어렵습니다.

신사로 가야 하는 게 아니라 이러한 판매회사로 가야 합니다. 이렇듯 펀드는 운용과 판매가 분리되어 있습니다. 고객의 알토란 같은 돈을 모아다 한 군데서 북치고 장구치면 불미스러운 일이 발생할 수도 있으므로 법으로 이를 분리해 놓은 거죠.

또한 펀드에는 돈을 보관하는 '수탁회사'란 게 있습니다. 일반적으로 은행이 수탁회사의 역할을 하죠. 고객이 판매회사를 통해 펀드에 가입하면 그 돈은 자산운용회사(투신사)로 가는 게 아니라 수탁회사로 보내집니다. 그런 후 자산운용회사에서 운용지시를 내리면 그에 따라 매매를 대신 해준답니다. 물론, 운용지시가 불법적이거나 터무니없는 경우에는 이를 거부할 수도 있답니다. 결과적으로 자산운용회사는 펀드 운용에 대한 지시만 할 뿐 실제로는 돈 한번 못 만져본답니다.

여기서 끝나지 않습니다. 펀드에는 '사무관리회사'를 두도록 하고 있습니다. 펀드자산에 대한 가치를 산정해서 기준가를 계산해 고객에게 알려주는 역할을 하죠. 펀드에 따라 독립적으로 사무관리회사를 두는 경우도 있지만, 자산운용회사의 내부 조직으로 운영하기도 합니다. 이렇게 여러 개의 금융기관이 모여 상호 견제를 하면서 펀드를 운용하는 만큼 믿고 맡길 수가 있는 거죠.

왕초보를 위한 한국형 금융재테크

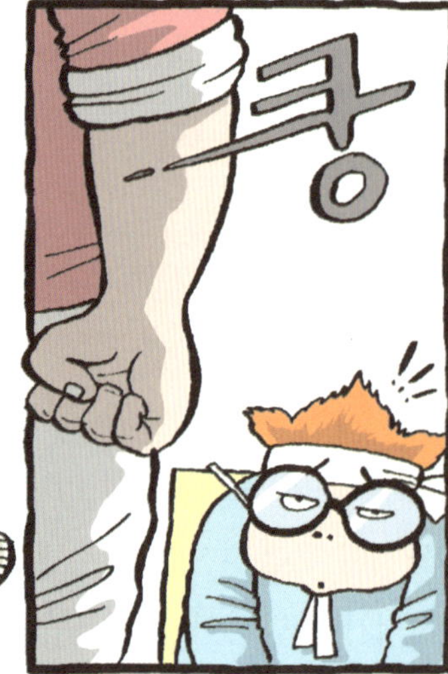

여하튼 우리가 목적지까지 안전하게 운반해 주마.
알았어요. 근데 옮기다가 떨구거나 그럼 안되요.

오케이! 운반모드로 전환!!

짠~
풍!!
1시간 後 …

엇 잠깐!! 목적지랑 거꾸로 가고 있잖아요 시방!!

운반 중 손실이 발생하더라도 수수료는 내야 하거덩. 그게 이 세계의 규칙이야.
쌔

빠르다 …
쥬!
앵

펀드에 가입하면 내야 하는 수수료

이렇듯 펀드 상품에는 고객들을 대신해서 펀드를 운용해 주는 자산 운용사뿐 아니라, 상호 견제를 위해 수탁회사나 판매회사 등 여러 금융기관이 관련되어 있습니다. 그런데 이들은 자선사업가가 결코 아닙니다. 역시 여기에도 '공짜 점심은 없다'는 원칙이 엄연히 존재하고 있죠. 따라서 펀드 상품에 가입한 투자자들은 이들에게 일정액의 수수료를 내야 합니다.

이러한 수수료를 금융용어로 '보수(報酬)'라고 하는데요. 자산운용회사가 받는 보수를 '운용보수', 판매회사가 받는 보수를 '판매보수', 수탁회사가 받는 보수를 '수탁보수', 마지막으로 사무관리회사가 받는 보수를 '사무관리보수'라고 합니다. 물론, 투자자 입장에서는 이러한 보수를 각각의 금융기관에 직접 지급할 필요는 없습니다. 펀드에 가입하면서부터 해당 금융기관에서 펀드 자산을 기준으로 일정한 비율만큼 매일매일 계산하여 떼어갑니다. 이때 각각의 보수를 합해서 계산한 것을 '총신탁보수'라고 합니다.

신탁보수의 경우는 투자자의 수익에 직접적인 영향을 미치는 것이므로 금융기관 마음대로 함부로 정할 수는 없습니다. 보수

판매보수제는 펀드 가입기간 동안 해마다 펀드 자산가액의 몇 퍼센트를 떼어가는 방식입니다. 한국의 펀드상품 가운데 97%가 이 방식을 택하고 있습니다. 가입할 때 판매 수수료를 안 내는 대신 상대적으로 높은 판매보수를 내는 셈입니다. 한국의 판매보수율(주식형)은 1.48%로 여기에다 자산운용사가 펀드를 굴린 대가로 거둬가는 운용보수(0.64%)까지 합해 해마다 자산가액의 2.12%를 냅니다. 예를 들어 1,000만 원을 투자하고 연 5% 정도의 수익이 났다고 가정할 경우, 이 방식에 따라 첫 해에는 22만 원, 2년째는 23만 원, 이렇게 시간이 갈수록 떼는 금액이 늘어납니다. 해마다 같은 비율로 비용을 제외한다고 해도 요율이 적용되는 자산가액이 해마다 커지므로 떼는 절대금액이 커질 수밖에 없습니다.

의 종류와 그 상한선이 엄격히 제한되어 있고 반드시 펀드 상품 가입시 투자자들에게 알려주도록 되어 있습니다. 일반적으로 주식형 펀드의 경우 연 2~3%, 채권형 펀드일 경우 연 1~2% 정도 부과된다고 보면 됩니다.

앞서도 말했지만 신탁보수는 세금이 아니라 금융기관들에게 내는 수수료입니다. 세금은 소득 있는 곳에만 존재하지만 수수료는 금융기관들이 일한 대가를 지불하는 것이기 때문에 펀드에 손실이 나더라도 지불해야 합니다. 언뜻 생각하면 좀 억울한 거 같지만, 가게 매상에서 적자가 났다고 점원들에게 일당을 안 줄 수는 없는 것과 마찬가지 이치라고 생각하면 됩니다.

투자자 입장에서는 아무래도 신탁보수가 낮은 펀드 상품이 유리합니다. 하지만 펀드 상품을 고를 때 너무 신탁보수가 낮은 펀드만을 골라서는 안 되겠죠. 신탁보수가 높은 만큼 운용자산 선정이나 관리에 만전을 기한다고 생각해야 하니까요. 싼 게 비지떡일 수가 있거든요. 그것보다는 해당 자산운용회사의 운용실적 등을 더 눈여겨봐야 되겠죠.

어여 가자꾸나!

적금 福

비록 느리지만 꾸준히 가다보면 목돈이 될거라구..

쯧쯧.. 그래가지고 언제 큰 돈을 만지나?

그러는 댁은 뉘쇼?

나는야 당신의 재산을 어~ 엄청 부풀려 줄 사람이쥐.

어떻게요?
조심해! 사기꾼 같아.
휙

내게 매달 30냥씩만 투자를 해봐. 그리하면...
컴온!
딱

여기 이놈에게 다달이
좋은 사료(주식/채권)를 먹여
살을 찌운다 이거야.
유 언더스탠두?
적립식
펀드

그런 연 후 적당한 시기에 팔면
큰 이득을 남길거라 이 말씀!

흠~
그럴 듯 한데..
뭔가 구려

그러니 나만 믿고
대략 1~ 2년만
꾸준히 입금해 보라구.

근데 혹시
불량사료를 먹여
죽기라도 하면요?
속닥속닥

뭐 그땐...
할 수 없이 고기나
몇근씩 나눠가질 수 밖에..

누구 맘대로..
뒷발 조심!

08 적립식 펀드란 무엇인가

목돈을 모으기 위해 적금에 가입했다고는 하지만 요즘과 같은 저금리 시대엔 왠지 손해 보는 느낌마저 듭니다. 그렇다고 초보자 입장에서 주식에 직접 투자해서 돈을 모으기엔 아무래도 부담스럽죠. 이런 경우 고려해 볼 만한 금융상품이 바로 '적립식 펀드'입니다.

적립식 펀드란 은행 정기적금처럼 매월 일정액을 꼬박꼬박 입금을 하면 자산운용회사에서 이 돈으로 주식이나 채권 등에 투자를 하는 간접투자 상품(펀드 상품)을 말합니다.

이 상품은 매월 일정금액을 넣으면 되니까 목돈의 부담이 없이 주식이나 채권 상품에 간접적으로 투자를 할 수 있습니다. 그리고 무엇보다도 '코스트 애버리지(cost average) 효과'로 인해 투자 위험을 헷징(hedging)시킬 수 있다는 장점이 있습니다.

코스트 애버리지 효과란 투자 대상이 되는 주식이나 채권 등을 시장의 평균가격보다 싸게 살 수 있으므로 이득을 보는 효과인데요. 적립식 펀드의 경우 매월 일정 금액을 입금하면 펀드매니저가 매월 그 금액만큼의 주식과 채권을 매입하게 됩니다. 따라서 투자 대상이 되는 주식이나 채권의 가격이 쌀 때는 많이 사게 되고 그 가격이 비쌀 때는 적게 사게 되는 꼴이 되겠죠. 이렇듯 싼 가격엔 많은 수량을, 비싼 가

격엔 적은 수량을 매입하게 되면 시간이 흘러서 이를 평균 내보면 결과적으론 시장 평균가격보다 싸게 투자자산을 매입한 결과가 됩니다. 결국 시장 평균 가격보다 싸게 산 것을 매각하면 높은 수익을 얻을 수 있는 거죠. 물론 이러한 효과는 2~3개월 내에 나타나는 건 아니고요. 대략 1~2년 정도 꾸준히 입금을 하면 이 효과가 힘을 발휘하게 되는 거죠.

적립식 펀드 역시 증권사나 은행과 같은 펀드 판매 회사에서 가입을 할 수 있습니다. 대략 2~3년짜리에 가입하시는 게 적당하고요. 1회 납입 금액은 30만 원, 50만 원 등으로 설정할 수 있습니다. 물론, 여기서 한 가지 간과해선 안 될 점이 있는데요. 적립식 펀드 역시 펀드 상품이기 때문에 은행 적금상품과 같이 원금보장을 해주지는 않습니다. 따라서 일반 펀드 상품을 고를 때와 마찬가지로 자산운용회사의 역량이나 시장상황을 면밀히 따져볼 필요가 있습니다.

들으시오!

나는야,
전국 최고의
사냥꾼!!

뻘쭘~....

내가 하고싶은 얘기는..
이번엔 이 호랑이놈을
사냥할까 하는데..

이 거사에 필요한
화살 살 돈을
모금 중이라 이 말씀.
모금

모냐? 이자식..

아하하.. 내 정신 좀 봐.
아직 내 화려한
사냥 경력을
소개 안했군 그래..

전국 방방곡곡
내 화살을 피한
맹수는 없쥐.

화살값에 투자를 해주면
호랑이놈을 잡아 판 후
10배로 돌려주마..

질문요..
관가에서 실시하는
공식 사냥대회랑은
뭐가 틀린거요?

후후..
좋은 질문이다.
떼꺼리

그건 이거 하지마라, 저거 하지마라
하도 규제가 많아서
하루종일 산을 누벼봐야
토끼새끼 한 마리 못잡는다니깐..

흠 그렇군.
근데 호랑이놈이
기거하고 있는 곳은
어디요?

아차, 그걸 안 알아봤군 그래.
그렇다면 우선....
호랑이 소굴 탐사비용부터
모금해야겠는걸..

내가 세상에서
젤 무서워하는
고양이!!!

064

사모펀드란 무엇인가

신문의 경제면을 살펴보면 '사모펀드'를 결성해서 M&A에 뛰어들었다는 기사를 종종 접하게 됩니다. 사모펀드란 무엇일까요? 누군가를 사모(思慕)해서 만든 펀드일까요? 물론 그런 의미는 아니겠죠.

펀드란 특정한 자산에 투자해서 돈을 벌 목적으로 모은 돈이라고 했죠. 그런데 어떤 방식으로 이 돈을 모으냐에 따라 공모(公募)펀드와 사모(私募)펀드로 나뉩니다. 공모펀드는 공개적인 방법으로 불특정 다수로부터 돈을 모으는 건데요. 우리가 흔히 가입하는 수익증권이나 뮤추얼 펀드 같은 펀드 상품을 생각하면 되겠죠. 반면 사모펀드는 공개적인 방법이 아니라 특정한 사람에 한해서만 제한적으로 돈을 모으는 걸 말하죠. 쉽게 말해서 알음알음으로 돈을 모으는 거죠. 그렇다고 사모펀드가 무슨 불법적인 투자를 하기 위해 법망을 피해 음성적으로 모으는 펀드를 말하는 건 아닙니다. 비공개로 펀드 모집을 한다는 것뿐이지, 자산운용회사에서 관련 법규를 준수하여 등록하는 엄연한 합법적인 펀드입니다.

그럼 사모펀드는 왜 생겨나게 되었을까요? 사실 일반적인 펀드 상품인 공모펀드의 경우에는 아무래도 불특정 다수를 상대로 판매를 하기 때문에 만일의 위험을 대비하는 차원에서 자산운용에 있어 엄격한 기준을 지키도록 하고 있습니다. 예를 들면 펀드의 10% 이상을 같은 종목에 투자 못하도록 하는 것이나 동일 회사 주식에 대한 투자도 20%로 제한하는 것 등이 바

사모펀드는 소수의 부유한 가족 중심 투자펀드로 시작되었는데, 현재 약 160조억 달러가량의 투자금액을 운용하고 있습니다. 성공적인 사모펀드들의 경우는 수익률 면에서 타의 추종을 불허하지만 사모펀드만의 고수익을 창출하는 데 어려움을 겪고 있습니다. 가령 현금 유동성을 극대화한다든지, 경영진에게 주식을 배분한다든지 하는 여러 사모펀드의 운용 기법들이 이제 일반화돼서 더 이상 사모펀드의 차별화가 힘들어진 것입니다.

로 그것이죠. 만약 이런 기준이 없다면 자산운용회사에서 실적에 급급한 나머지 무리한 운용을 해서 일반 투자자들에 적잖은 피해를 끼칠 수 있을 겁니다. 그렇게 되면 금융시장이나 서민경제에도 큰 파장을 미치게 되겠죠.

하지만 이러한 안전장치가 무조건 좋은 것만은 아니죠. 결국은 평준화를 만드는 투자이니 말이죠. 정말 탁월한 펀드매니저가 한두 종목만 골라 몰빵을 해서 따따블이 날 수 있는 기회가 있어도 이를 제도적으로 막아버리는 것이기 때문이죠. 정부에서는 큰 도박을 원하는 사람들의 욕구를 인정하고 허가를 해주게 되었습니다. 그래서 생겨난 게 바로 사모펀드죠.

그러다 보니 공모펀드와 달리 펀드 자산을 운용하는 데 있어 제약은 크게 없는 편입니다. 게다가 돈을 넣은 투자자들의 의사를 상당 부분 반영하여 운용한답니다. 이러한 사모펀드는 비공개 펀드인 만큼 펀드 가입자 수를 법적으로 제한하고 있습니다. 일반적으로 50인이 넘지 않도록 제한하고요. 최근 들어 이슈가 되고 있는 PEF(Private Equity Fund : 사모투자전문회사)와 같은 M&A 목적 사모펀드처럼 30인이 넘지 않도록 제한하는 경우도 있습니다. 따라서 어디선가 기업인수 목적의 PEF를 만드는 데 수백 명으로부터 자금을 끌어모아 성황리에 자금 유치가 끝났는데 1억 정도 룸이 있으니 돈을 넣지 않겠느냐는 제의를 받았다면, 이는 사모펀드를 빌미로 한 사기집단이라고 보면 됩니다.

왕초보를 위한 한국형 금융재테크

폴짝
일단 이 펀드에 가입하면 주식시장의 전망에 따라 가장 적당한 하위펀드들로 자유롭게 옮겨다닐 수 있다는 거 아니냐..
하위
펀드

더구나 환매수수료도 없고 말이야.. 끝내주지?

어떠냐? 엄브렐러 펀드처럼 이 우산 밑에서 옮겨다니기 게임하는 게..
재밌겠지 그치?

싫어욧!

근데 이 자식은 아빠차 훔쳐타고 온다더니 왜 이리 안온다냐?

찬아악

내가 쫌 늦었지? 얼렁들 타쇼!
비오는 날 먼지 날 때까징 패줄겨..

엠브렐러 펀드란 무엇인가

요즘 추세 중 하나가 다양한 기능을 한 곳에서 즐길 수 없을까 하는 것입니다. 대표적인 게 바로 핸드폰인데요. 핸드폰 하나로 전화통화는 물론 카메라, 무선인터넷, GPS, MP3까지 그야말로 다양한 기능을 만끽할 수가 있죠. 펀드 상품도 무한경쟁의 시대에 접어들다 보니 까다로운 고객의 니즈에 맞춰 다기능·일체형 펀드가 선을 보이고 있는데요. 그게 바로 '엄브렐러 펀드(umbrella fund)' 라는 상품입니다.

'엄브렐러 펀드'는 말 그대로 '우산펀드' 입니다. 커다란 우산 아래 옹기종기 모여 비를 피하고 있는 아이들의 모습을 연상해 보세요. 이와 같이 하나의 커다란 펀드 아래 여러 개의 다양한 하위 펀드들이 단란하게 모여서 구성된 펀드가 바로 엄브렐러 펀드죠. 일단 이 펀드에 가입하면 주식시장의 전망에 따라 가장 적당한 하위 펀드들로 자유롭게 옮겨다닐 수가 있답니다. 물론, 하나의 커다란 펀드 안에서 이루어지는 것인 만큼 펀드를 옮길 때마다 환매수수료 같은 걸 부담할 필요가 없죠.

최근에 주목받고 있는 '신형 엄브렐러 펀드'의 경우, 인덱스펀드, 리버스펀드, 머니마켓펀드(MMF) 등 크게 3가지 하위 펀드로 구성되어 있습니다.

이렇듯 다양한 특성을 가진 하위 펀드를 하나의 우산 속에 담고 있는 펀드가 바로 엄브렐러 펀드인 것이죠. 만약 이런 하위 펀드를 따로따로 활용한다고 생각해 보세요. 펀드에 일일이 가입하는 것도 번거로울 뿐만 아니라

- **신형 엄브렐러 펀드** → 인덱스 펀드 + 리버스 펀드 + 머니마켓 펀드

- **인덱스 펀드**(Index Fund)란 종합주가지수에 연동해서 수익률이 결정되는 펀드죠. 다시 말해 주가가 오르면 높은 수익률을 얻게끔 설계된 펀드를 말합니다. 주가 상승장에서는 이 펀드로 옮겨놓으면 돈을 벌게 되겠죠.

- **리버스 펀드**(Reverse Fund)란 파생상품 등을 활용하여 종합주가지수와 반대로 움직이도록 설계되어 있는 펀드죠. 다시 말해 주가가 떨어질 경우 오히려 수익이 나게 되는 펀드죠. 주가 하락장에서는 이 펀드로 옮기면 수익을 낼 수 있답니다.

- **머니마켓 펀드**(MMF)는 단기금융상품의 대표격인 펀드죠. 입출금이 자유로운 펀드 상품인 만큼 주식시장이 불투명할 경우 언제든지 돈을 뺄 수 있는 '치고 빠지기(hit & run)'가 가능한 MMF로 옮겨놓으면 제격이겠죠.

환매시 수수료도 있을 것이며, 또한 각각의 조건을 파악해서 관리하는 일도 귀찮을 것입니다. 이런 점에서 자신이 원할 때 전화 한 통화로 언제든지 펀드를 옮길 수 있는 다기능·일체형 엄브렐러 펀드가 유리한 것이죠.

엄브렐러 펀드 역시 증권사 등 펀드 판매회사를 통해서 가입할 수 있습니다. 가입은 수시로 할 수 있으며 금액에 대한 제한도 크게 없습니다. 물론, 펀드에 따라서는 가입시 가입금액의 0.5%~1.0% 정도의 수수료(선취수수료)를 떼는 펀드 상품도 있습니다. 또한 하위 펀드로 갈아타는 횟수를 제한한 펀드도 있으니 이 점 주의하셔야 합니다. 그냥 마음 내키는 대로 이렇게 저렇게 계속해서 펀드를 바꿔타는 걸 막기 위해서입니다.

남대문 시장

자~떨이요 떨이
특별 왕창 쪽박 세일

짝짝
골라 골라

나이퀴, 워디도스, 샤널,
루이뷔똥 등등등...
명품들 죄다 있습니다~

유치해...

오-예!
탁월한
선택!!
깜짝

이 양말로 말씀드릴 것 같으면,
우리 공장에서 미리 만들어
소비자에 판매하고 있는 매출식 양말
되겠슴다.
또한 우리 공장에선 소비자들 취향을
조사한 후 만드는
모집식 양말도 있게
되겠슴다.
간 떨어질 뻔
했슴다

오케이!
화들짝

이 빤스는 한번 판매한 후에도
계속 생산하는 추가형 빤스,
저 빤스는 일단 판매한 후엔
추가생산 없는 빤스 되겠슴다.

이 부라자는 반품이
가능한 개방형이고,
저쪽 것은 한번 사면
못물리는…
폐쇄형 부라자라네.
변태…
누가 물어
봤냐고요?

이것은 어쩌구 저쩌구..
저것은 또 어쩌구 저쩌구
….

자!
어떤 걸
드릴까요?

짱나게 시끄러워
귀마개나 하나
줘봐바바요.
야 가자.
차라리 펀드종류
외우는 게
덜 복잡하겠다.

뻔두???
새로 나온 빤스
이름인가??

펀드의 종류

시중에 선보이고 있는 펀드 상품도 그 종류가 너무 많아 헷갈립니다. 하지만 몇 가지 특성에 맞춰 그 종류를 나눠보면 좀더 쉽게 펀드의 특성을 파악하는 데 도움이 될 것입니다.

자! 그럼 한번 살펴볼까요.

설립형태에 따라

- 수익증권 펀드(계약형) : 우리가 흔히 말하는 수익증권(beneficiary certificate)을 말하는 것입니다. 수익증권 펀드는 투자자와 자산운용회사가 당사자끼리의 신탁계약을 체결하는 형태입니다. 따라서 이를 계약형 투자신탁이라고도 하죠.

- 뮤추얼 펀드(회사형) : 자산운용회사에서 서류상의 회사(paper company)를 만들어 주식을 발행하고 투자자가 그 주식을 취득하는 구조로 되어 있는 펀드 상품입니다. 따라서 이를 회사형 투자신탁이라고도 하죠.

- **헤지 펀드**는 각종 금융상품을 투자 대상으로 하는데, 금융상품에서 선물이나 옵션 같은 복잡한 파생금융상품을 위주로 초단기 투자를 하게 됩니다. 파생 금융 상품을 교묘히 조합하여 도박성이 큰 신종 상품을 개발, 국제 금융시장을 교란시키는 하나의 요인으로 지적되어 관심을 끌고 있습니다.

- **뮤츄얼 펀드**는 일반 시민들을 위해 대신 주식투자를 하기는 하는데, 약간 다른 점이 있습니다. 투자신탁사는 기존 회사가 있고, 시민들이 돈을 맡기는 반면 뮤츄얼 펀드는 투자자가 돈을 모아서 투자회사를 아예 차려버리는 것입니다.

- **벌처 펀드**는 저평가된 유가증권이나 부동산을 싼 가격으로 매입하기 위해 운용하는 투자기금으로 죽은 동물만을 잡아먹는 독수리과에 속하는 벌처의 이름을 딴 것입다. 벌처 펀드는 상대적으로 위험이 높지만 잠재적으로 큰 이익을 제공합니다. 이 기금의 성과는 수익성 있는 투자안으로 바뀔 수 있는 저평가된 부동산을 가려내고 매입하는 기금관리자의 능력에 달려 있습니다.

- **인덱스 펀드**란 장기적인 투자에서 주식투자가 시장평균수익률을 상회할 수 없다는 가정에서 임의로 자산운용에 편리한 지수를 개발하고 지수에 따른 종목별 비중에 따라 분산투자를 함으로써 주식투자 수익을 시장 평균수익률에 접근시키려는 투자기법입니다.

하지만 둘 다 자산운용회사에 돈을 맡기면 이를 대신 운용해서 수익을 나눠준다는 점에서 별반 차이가 없습니다. 실제로도 펀드 상품에 가입하는 투자자 입장에서는 큰 차이점을 느끼지는 못합니다.

판매방식에 따라

- 매출식 펀드 : 자산운용사의 돈으로 펀드를 미리 만들어 놓고 이를 투자자들에게 판매하는 방식을 매출식이라고 합니다. 가장 흔한 형태의 판매방식입니다.

- 모집식 펀드 : 앞으로 만들게 될 펀드 상품에 대한 특성과 장단점을 미리 투자자들에게 설명을 합니다. 투자자들이 설명을 듣고 괜찮다 싶으면 돈을 내겠죠. 이렇게 모아진 돈을 바탕으로 펀드를 만드는 것을 일컫는 것입니다.

추가설정 가능 여부에 따라

- 추가형 펀드 : 만들어진 후에도 계속해서 수익증권을 만들어 투자자에게 판매하는 것을 '추가설정'이라고 합니다. 이러한 추가설정이 가능한 펀드를 추가형이라고 합니다.
- 단위형 펀드 : 추가설정이 가능하지 않은 펀드를 단위형이라고 합니다. 따라서 단위형의 경우는 한번 펀드가 만들어지면 그 이후에 투자자에게 추가적인 판매를 할 수 없는 거죠.

중도환매 가능 여부에 따라

- 개방형 펀드 : 중도 환매가 가능해 펀드 자금의 입출금이 자유로운 형태의 펀드입니다.
- 폐쇄형 펀드 : 중도 환매가 불가능해 한번 가입하면 만기시까지 돈을 빼지 못하는 펀드를 말합니다.

지금은 그렇지 않지만 초창기 우리나라의 뮤추얼 펀드는 전부 폐쇄형이었습니다. 하지만 폐쇄형 뮤추얼 펀드의 경우라도 그 주식이 주식시장에 상장되어 있어 투자자 입장에서는 주식 거래하듯 시장에 내다팔고 빠져나올 수가 있습니다. 앞서 설명했지만 뮤추얼 펀드는 회사형 투자신탁이므로 주식 발행이 가능하기 때문입니다.

펀드를 운용하는 투자처에 따라

- 주식형 펀드 : 펀드에 모인 돈으로 주식에 투자하여 운용하는 것으로 공격적인 투자자들이 선호하는 펀드입니다. 주식투자 비율에 따라 성장형(주식에 50% 이상), 안정성장형(주식에 50%), 안정형(주식에

30%)으로 나뉩니다.

- 채권형 펀드 : 펀드에 모인 돈으로 채권에 최소 60% 이상 투자하는 펀드로 주로 보수적인 투자자들이 선호하는 펀드입니다. 일반적으로 채권에 85~90% 정도 투자하고 나머지는 양도성예금증서(CD)나 기업어음(CP), 콜(call) 등 단기 금융상품에 투자합니다.
- 혼합형 펀드 : 주식과 채권 등에 나누어 투자를 하는 형태로서 각각의 투자 비율이 60%를 넘지 않는 펀드 상품을 말합니다.

사업설계도 완성!

상어빵 사업 구상도
앙꼬
흐뭇.

상어빵 프로젝트!
기존 붕어빵의 편협한 장사논리를
벗어나 크기와 맛을 극대화한
획기적 아이템인 것이다.

좋았어!
쿵

이젠 투자유치
전담반인 내가
나설 차례군.

대박이 확실한 사업이니만큼
너도 나도 투자하러 나설거라
이 말씀!

대박투자
실제크기
상어빵 펀드 모집 속속
접수처

거의 다
붙여 가는군..

삑!
?

야 임마!
니가 지금 하고 있는 행위
불법이란 거 모르냐?
죙일 방에
쳐박혀
뭔 수작을
하나
했더니만
... 쯧쯧

투자금만 모이면
이 벽보 바로
뗄건디요?

간접투자 행위는 일정한
자격요건을 갖춰
법에 의해 허가를 받은
자만이 할 수 있는 거라 이 말씀!

그리고 이를 허가하고
규제하는 법이 바로
자산운용법이라 이거다.
알겠냐?
!

투자~
또 당신이야?
한번 해보겠다
이거여?

72 간접투자자산운용업법은 펀드의 헌법

친한 친구나 친지 사이에 돈을 모아서 주식이나 부동산에 투자하는 경우가 종종 있습니다. 물론, 개인적으로 이러한 행위를 하는 것까지 진 어쩔 수 없지만 이를 불특정 다수에게로 확대한다든가 이를 업(業)으로 삼으면 불법행위가 됩니다. 우리나라는 일정한 자격요건을 갖춰 법에 따라 허가받은 자(자산운용회사)만이 펀드를 만들어 간접투자 행위를 할 수 있기 때문입니다.

그만큼 금융업이란 게 국민경제에 미치는 영향이 크기 때문에 이를 엄격히 규제하는 법이 필요한 것인데요. 그럼 자산운용회사 및 펀드를 허가하고 규제하는 법은 어떤 법일까요? 바로 '간접투자자산운용업법(자산운용법)'이죠. 간접투자에 대한 전반적인 사항을 관장하는 법입니다. 다시 말해 펀드에 있어서 헌법과 같은 역할을 하고 있죠.

이 법은 2004년에 제정되어 시행되었죠. 과거에는 같은 펀드 상품이면서도 그 운용 주체에 따라 은행의 금전신탁은 '신탁업법', 수익증권은 '투자신탁업법', 뮤추얼 펀드는 '증권투자회사법' 등으로 나뉘어 있었죠. 그러다 보니 중복되는 것도 많고 동일한 사항이 다르게 해석되는 사안도 발생해서 이를 효율적으로 다루기 위해 하나의 법으로 통합하게 된 거죠.

'자산운용법'이 새로 만들어지면서 대부분은 과거 법과 차이가 없지만 몇 가지 특이하게 바뀐 게 있습니다.

우선 투자대상이 확대되었죠. 펀드 상품의 투자대상이 과거에는 유가증권에 한해서 적용되었는데, 이 법으로 인해 부동산이나 실물자산 등으로 그 범위가 확대되었죠. 예를 들면 과거에는 펀드로 모은 돈으로 주식이나 채권 등에만 투자했는데 이제는 빌딩, 선박, 금 등 다양한 실물자산에 투자가 가능하게 된 거죠. 좀더 다양한 곳에 투자가 가능하니 보다 많은 수익을 얻을 가능성이 열린 거죠. 실제로 부동산펀드나 선박펀드가 선을 보여 큰 인기를 끌었었죠.

또한 판매회사가 확대되었죠. 펀드 상품을 판매하는 금융기관이 기존의 증권사뿐 아니라 은행·보험사 등으로 확대되었죠. 따라서 각 금융기관은 더욱더 판매에 열을 올리게 되었고, 고객 입장에서야 경쟁이 치열해지면 좀더 좋은 서비스를 받을 가능성이 높아진 거죠.

펀드 상품 자체도 경쟁이 치열해졌죠. 은행의 불특정 금전신탁, 보험사의 변액보험상품이 펀드 상품과 동일한 기준으로 경쟁할 수 있게 된 거죠. 그러다 보니 자연스럽게 펀드 상품의 경쟁이 치열해졌습니다. 금융기관 입장에서는 새로운 기회이자 도전인 거죠. 물론, 고객 입장에선 선택의 폭을 넓힐 수 있으므로 좋은 현상이라 할 수 있겠죠.

그 외에도 사모펀드의 결성, 투자자 보호를 위한 여러 가지 조항이 신설되었습니다.

법은 만드는 것도 중요하지만 어떻게 운용되는가가 더 중요하겠죠. 2004년에 만들어진 통합법인 '자산운용법'이 제대로 운용되어 우리에게 많은 도움이 되길 바랍니다.

드디어 왔노라!

내 회사를 살찌울 신시장,
뉴마켓!!
이 나라의 머니를 모두
긁어 가겠노라. 음하하하

뭐지? 이 서늘한 필링은..
휘~잉

코쟁이다
생쑈한다
미쳤나봐

흠흠..
하우 아 유 여러분.
저로 말할 것
같으면..
긴장 풀고...

땔감으론
참나무가
최고여..
무신 소리!
뭐니뭐니해도
소나무쥐.
참거리는
챙겨온겨?

디스 이즈 개무시..?
그렇다면..

짠
보시라~
이것이 바로
세계적으로 유명한
막돌려 햄벅!

여러분들이 그 땔감 판 머니를
우리 회사에 투자한다면 금방
열배로 돌려드리겠습니다.
아이 프라미스.

근데...
그게..
뭐드래요?

햄벅..빵입니다.
음 그러니까 디스 이즈..
서양 모듬떡 되겠네요.
하나씩 먹어 봐용.
이런된장
무식하기는
...

우걱우걱
쩝쩝

잠깐!
이돼지시키
너 혼자
다먹냐?
무신 소리!
난 하나밖에
안먹었다구

거짓말쟁이 사기꾼은
절대용서못해! 응징!!

무서운 나라다.
크레이지~
우리 연기
어땠냐?
햄버거 공짜로
실컷 먹었다.
ㅋㅋ
연기 좋아하네
이 시키들..

해외펀드 들여다보기

우리는 수출도 하지만 해외로부터 물건을 수입하기도 합니다. 의류, 가전제품, 자동차뿐만 아니라 우리 식탁에 오르는 농산품까지 그 종류는 실로 다양합니다. 이러한 수입품의 증가는 몇 가지 부작용에도 불구하고 국민들에게 선택의 폭을 넓혀주고 또한 국산품과의 경쟁을 유발시켜 상품의 질을 올리는 장점이 있습니다.

공산품이나 농산품뿐만 아니라 금융상품도 수입하는 경우가 있습니다. 대표적인 것이 해외펀드 상품이죠. 증권사나 은행 등에서 판매하는 펀드 중에 '템플턴 펀드' 니 '피델리티 펀드' 니 하는 상품을 익히 들어보셨을 겁니다. 이런 것들이 바로 해외펀드 상품입니다.

'해외펀드' 란 말 그대로 우리가 맡긴 돈을 달러와 같은 외화로 바꿔 해외의 증권시장에 투자하는 펀드를 말합니다. 물론, 이 펀드의 운용 주체는 외국의 자산운용회사들입니다. 외국 자산운용회사가 해외에서 직접 운용하고 있는 펀드를 국내의 증권사나 은행 등이 일부 수입해서 국내 투자자에게 판매만 하는 것이죠. 앞서 말한 템플턴이나 피델리티 등이 바로 그러한 외국 자산운용회사들의 이름을 딴 거랍니다.

해외 증권시장에 투자를 하는 펀드 중에 '해외투자펀드' 라는 것도 있습니다. 이는 국내 자산운용회사가 국내 투자자들로부터 돈을 받아 해외의 주식이나 채권에 투자하는 펀드를 말합니다. 수입품이라고 하기보다는 우리

나라 회사가 해외에서 생산한 물건이라고 생각하시면 되겠네요.

해외투자펀드의 경우는 1990년대에 한창 인기가 있었습니다. 주로 러시아나 남미의 증권시장에 투자를 하며 상대적으로 높은 수익률을 제공했기 때문이죠. 하지만 우리나라의 외환위기와 마찬가지로 러시아의 모라토리엄(지불유예) 선언이나 남미의 불황으로 커다란 손실이 발생한 후부터 점차 사라지기 시작했습니다.

해외펀드는 포트폴리오 투자관점에서 매력적인 상품입니다. 아무래도 우리나라의 증권시장에만 집중적으로 투자하는 국내 펀드보다는 세계 각지의 증권시장으로 투자를 넓힐 수 있다는 점에서 위험 분산효과가 있기 때문이죠. 따라서 여러 개의 펀드 상품에 투자하는 투자자라면 한번쯤은 해외펀드를 고려해 볼 필요가 있을 겁니다. 성장성이 높은 중국, 인도 증권시장에 투자하는 펀드나 실적이 좋은 미국의 우량주에 투자하는 펀드 등이 여기에 해당되겠죠.

해외펀드는 환율에 영향을 받습니다. 아무래도 원화를 외화로 바꿔 해외 증시에 투자했다가 그 수익을 다시 원화로 바꿔 국내 투자자에게 나눠주기 때문에 입금과 출금 당시의 환율의 변동에 따라 본의 아니게 손해를 볼 수도 있죠. 물론, 이러한 문제점을 해결하기 위해서 해외펀드 상품에 따라 환율 위험을 피할 수 있는 안전장치(환헤지)를 해놓은 것도 있습니다. 하지만 여기에는 추가적인 비용이 발생할 뿐만 아니라 100% 안전하다고 할 수는 없기 때문에 각별한 주의를 기울여야 합니다.

시끌 시끌
웅성 웅성
귀에 거슬리는 이 목소리들은..?

그럼 그렇지.. 야 이놈들아~ 또 무슨 사고 치려고 몰려 다니냐?
지겹지도 않냐?

아 이거.. 왜 이러셈
우리 지금 산에 가는 길이라구요.
호연지기를 기르러 말이죠.
오잉 등산? 1분간 기둘려봐봐
같이 가자..

짜자잔

자고로 산을 만만히 보면 큰코 다치는 법! 산악 전문가인 내가 너희들에게 등산의 주요 체크포인트를 알려주마.

악!!
알려줄 때 제대로 좀 들어라.응?

더 높은산
높은산
먼저 자신에게 알맞은 산을 선택할 것!
스스로의 등산실력을 객관적으로 평가해야 한다.

두번째,
산의 겉모습이 아닌 실제 등산코스를 제대로 파악할 것!

그리고 해당 산의 안내문과 안전 사고시 대처요령 등도 꼼꼼히 챙겨야 할 것이다.

뭐니뭐니 해도 가장 중요한 점은..
바로 나같은 프로에게 충분한 조언을 얻는 것이쥐. 니놈들은 운좋은 줄 알어.
헥헥
헉헉.....

자~ 드디어 목적지에 다왔다.
?
등산로 입구

앞동산 주점
아줌마 여기 동동주랑 파전
배고파
선배는 복장 갖추느라 고생했는데 정상까지 댕겨오셈~
부르르

펀드 상품 가입 하나, 둘, 셋

펀드 상품에 가입하는 방법은 아주 간단합니다. 펀드 판매회사(증권사, 은행·보험 등)에 찾아가 창구직원의 안내에 따라 계좌를 개설하면 되는 거죠.

이런 점에서는 예금이나 적금상품에 가입하는 것과 큰 차이가 없습니다. 준비물도 실명을 확인할 수 있는 신분증과 도장만 가져가면 됩니다. 물론, 도장도 요즘엔 서명으로 대신할 수 있답니다.

하지만 펀드 상품이 은행의 예금·적금과 다른 것은 펀드 운용실적이 나빠져 손실이 발생하게 되면 그 책임을 투자자가 부담해야 하기 때문에 상품 선택시 신중하게 골라야 한다는 거죠. 따라서 가입 전에 어떤 펀드 상품을 고를지 면밀히 관찰하는 게 제일 중요합니다.

그럼 좋은 펀드를 고르기 위한 몇 가지 사항을 알아볼까요.

① 자신에게 알맞은 펀드 상품을 검색하자

우선 자신의 투자성향이나 현재 투자할 자금의 중요도에 따라 알맞은 펀드 상품을 고를 필요가 있겠죠. 원금 손실

① 향후 경제, 금리, 증시의 전망에 근거하여 시장의 흐름을 읽는 투자가 필요합니다. 주식시장이 침체를 지속하고 있는 상황에서는 정보나 투자기법이 아무리 좋은 금융기관이라도 고전할 수밖에 없으며, 이 경우에는 오히려 채권투자 상품 등 다른 상품으로 가입하는 것이 더 효과적입니다. 그러므로 펀드에 가입할 때에도 여러 가지 정보를 바탕으로 향후의 시장상황을 나름대로 예상해 보고, 거기에 맞게 펀드의 종류를 선택하는 것이 매우 중요합니다.

② 가입하려는 펀드의 과거 운용성과를 꼼꼼이 따져봐야 합니다. 과거의 성과가 미래의 높은 수익률을 보장하는 것은 아니지만, 꾸준히 운용성과를 내고 있는 펀드라면 앞으로 좋은 성과를 얻을 확률이 높다고 볼 수 있습니다. 다만 운용성과가 아무리 좋더라도 해당 펀드가 투자에 따른 위험을 지나치게 부담하고 있다면 조심해야 합니다.

③ 펀드 가입에 따르는 비용은 어느 정도인지 살펴봐야 합니다. 펀드 수수료는 투신사 등 운용회사에 지급하는 보수(운용보수), 증권사나 은행 등 판매회사에 지급하는 보수(판매보수), 자산보관회사에 지급하는 보수(수탁보수) 로 구성됩니다. 보통 주식형 펀드의 경우에는 펀드 순자산가치의 연 2~3% 정도, 채권형 펀드의 경우에는 연 1~2% 정도의 수수료가 부과됩니다. 다른 조건이 같다면 펀드 수수료가 저렴한 상품을 선택하는 것도 좋은 방법입니다.

④ 1호 펀드 상품에 가입하는 것도 좋은 방법입니다. 금융기관에서는 펀드를 모집할 때 같은 종류의 상품을 몇 차례에 걸쳐 모집을 하는데, 이때 맨 먼저 모집하는 1호 펀드를 가입하는 것이 좀더 유리합니다.

⑤ 중도환매는 가능한지 가능하다면 언제부터 중도환매수수료 부담 없이 환매할 수 있는지도 확인해 보아야 합니다. 펀드에 따라 어떤 펀드는 아예 일정 기간 동안은 중도환매가 제한되기도 하며, 대부분은 일정 기간이 경과하기 전에 환매할 경우 벌칙성격의 중도환매수수료가 부과됩니다. 따라서 이러한 확인 없이 가입했다가는 자칫 인출하려 할 때 낭패를 볼 수도 있습니다.

의 위험이 있더라도 높은 수익을 원할 경우 주식형 펀드 상품을 안정적인 수익을 원한다면 채권형 펀드 상품을 선택하는 게 바람직합니다. 그 외에도 목돈을 모으려는 목적일 경우에는 적립식 펀드가 제격이겠죠.

② 판매회사가 아니라 운용회사가 어떤지를 파악하자

우리는 가전제품을 사기 위해 하이마트나 전자랜드 같은 양판점에 갑니

펀드평가 정보제공 사이트	
정보제공 사이트	URL 주소
자산운용협회	www.amak.or.kr
한국펀드평가	www.kfr.co.kr
제로인 펀드닥터	www.funddoctor.co.kr
모닝스타코리아	www.morningstar.co.kr

다. 하지만 양판사의 유명세보다는 어떤 제조회사가 좋은 제품을 만드는지를 비교해야 하듯이 펀드 상품도 마찬가지입니다. 펀드를 판매하는 증권사나 은행이 어떤지를 보기보다는 실제 펀드를 운용하는 자산운용사의 운용실적이 어떠한지를 꼼꼼하게 따져봐야 합니다. 이러한 자산운용사의 실적은 종종 신문의 재테크 코너에도 소개되고 있으니 그때그때 스크랩을 해놓으면 도움이 됩니다. 또한 인터넷을 통해 펀드 평가정보를 제공하는 사이트를 찾아가 비교해 보는 것도 좋은 방법이죠.

③ 판매회사에서의 충분한 상담은 필수다

자신에게 맞는 펀드 상품을 고르고 어떤 자산운용사가 좋을지도 대략 결정을 했다면, 해당 펀드를 판매하는 판매회사를 찾아가 충분한 상담을 받아보도록 합니다. 아무래도 판매회사에서 전문적으로 이런 일을 하는 자산관리사(FP 또는 PB)들과 상담한다면 자신이 놓친 부분이나 잘 모르는 부분에 대해 많은 조언을 얻을 수 있기 때문에 좀더 구체적인 펀드 상품을 고르는 데 많은 도움이 될 것입니다.

④ 펀드 상품의 약관과 투자설명서는 꼼꼼히 챙겨보자

펀드 상품마다 환매조건이나 수수료체계가 다릅니다. 그리고 펀드의 운용방식도 펀드 상품마다 다릅니다. 이러한 것들은 궁극적으로 펀드 수익률의 차이에 영향을 미치는 중요한 사항들입니다. 따라서 자신이 선택한 펀드가 어떤 조건으로 구성되어 있는지를 알기 위해서 펀드 상품의 약관과 투자설명서를 반드시 살펴봐야 합니다.

만화책

내 방은
2층인데...
똑똑!!!

드르륵
!

야~이
미친놈아~
뭐하는 거여?
바득
바득

야 친구야~
돈 좀 꿔주라..
아니 투자 좀 해라.

얌마 내가 돈이 어딨냐?
설사 있더라도 내가 돌았냐?
너한테 투자하게..
기어
올라오기나
해!
주하다

야 이번엔 진짜라니깐.
지금 장례식장 가는
길인데 말야..
거기서 큰 고스톱판이
벌어진다구
투자해라.
응?

됐다!
오늘 받은 용돈
몽땅 날릴 일 있나?
집에나 가라.
즐~

그럼 할 수 없쥐.
따면 7:3으로 나누고
혹 잃더라도 니 원금은
100% 돌려주는 거라면
어떻겠냐?
?

내게 훌륭한 계획이
있는데…
함 들어보라구..

우선 옆자리 민화투판에서 원금＋a를 만든다 이거야.
너도 내 민화투 실력은 잘 알고 있지?
그리곤 원금엔 손끝도 대지 않고 ＋a만 가지고
고스톱판으로 고고!!
오렁
민화투
도사다

따면 너도 나도 대박,
잃어봤자 본전!
자 어때?
나만 믿으라구~
음~
글쎄…

좋다!!
내 전재산
10만원.
곱절로 부풀려
돌아와라.
O.K
척!

돈보따리 들고
12시까지 오마~
으랏차

깍 째
째깍
째깍 째깍…
째깍 … 째깍 째깍
…

이자식 핸드폰도
꺼놓고..
잡히면
죽음이다.

민화투판에서
타짜를 만날 줄이야..
핸펀도 담보로 잃고..
난 죽었다. 흑..

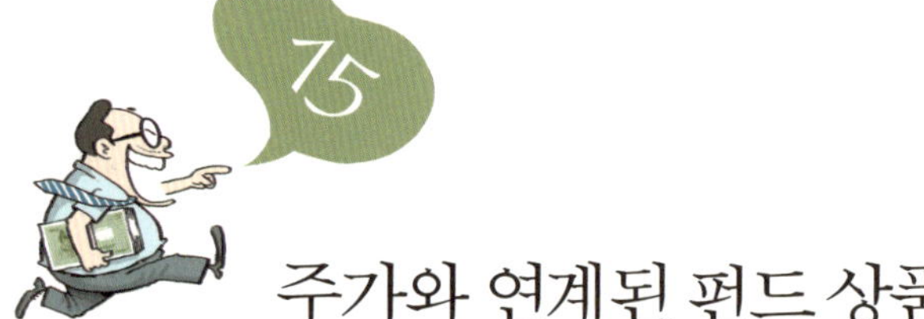

주가와 연계된 펀드 상품 : ELS

주식시장이 활황일 때는 주식관련 펀드의 인기 또한 올라가게 마련입니다. 아무리 주식 장세가 좋더라도 직접 주식에 투자하기가 왠지 두려운 초보자 입장에서는 전문적인 펀드매니저들이 대신해서 주식에 투자하고 그 수익을 나눠주는 주식관련 펀드 상품에 관심이 가는 건 어쩌면 당연한 일이겠죠.

그러다 보니 시중에는 다양한 형태의 주식관련 펀드 상품이 선을 보이고 있는데요. 대표적인 것이 '주식형 펀드' 입니다. 통상 펀드 자금의 50% 이상을 주식에 투자하는 펀드를 말하죠. 그 외에 인기를 끌고 있는 주식관련 펀드로는 '주가연계증권(ELS)' 이란 게 있습니다. 이름이 어렵다고 겁낼 필요는 없습니다. 원래 이름이 요란해도 알고 보면 별거 아닌 게 우리 주변에 수두룩하지 않습니까?

원금이 보장되는 투자상품—ELS

ELS(Equity Linked Securities : 주가연계증권)란, 펀드 수익률이 주가지수가 오르내리는 것에 따라 변동하는 펀드 상품입니다. 그런데 여기에는 투자자들의 눈을 번쩍 뜨이게 하는 조건이 하나 붙어 있습니다. 그것은 일반적인 주식형 펀드 상

품과는 달리 설령 주가가 하락하더라도 원금을 보장받을 수 있다는 것이죠. 물론 ELS도 펀드 상품의 일종이다 보니 정기예금처럼 '예금자보호법'을 통해 무조건 원금을 보호해 주는 것은 아닙니다. 하지만 ELS의 경우 투자자가 맡긴 대부분의 자금은 안전한 국공채나 우량 회사채에 투자를 해서 만기시 투자자에게 돌려줄 원금만큼은 미리 확보해 둡니다. 그 다음에 거기서 발생하는 이자 부분만 주식이나 관련 파생상품에 투자를 하는 것이죠. 따라서 자연히 원금이 보장되는 효과가 있을뿐 아니라 주가가 오르면 더 많은 수익을 얻을 수가 있답니다.

결론적으로 저금리가 지속되는 시기에는 정기예금 금리보다 훨씬 높은 수익을 얻을 수 있고 게다가 원금까지 보장되니 초보 투자자에게는 안성맞춤이라고 할 수 있습니다. 물론 주가가 현저하게 떨어지게 되면 원금만 받는 데 그칠 수도 있겠죠. 하지만 주가가 떨어져서 원금마저도 까먹는 주식투자나 일반 주식형 펀드 투자보다 훨씬 안전하다고 보시면 됩니다.

헤~

환타스틱 월드여~
Welcome

선배..
뭐해요?

컴퓨터 수리중..
....
근데 너는
웬일이
쿵

남의 방 들어올 땐
노크하는 에티켓 좀
가져라.
평생 도움 안되는 놈아!!
컥

어쨌거나 나 오늘 쫌
바쁘거덩.
용건만 간단히 얘기하고
가라.
또 무슨
봉변
당할라..

쳇..
오늘 좋은 일도 있고 해서
선배한테 술한잔 대접하며
인생상담도 들을 겸 해서
왔구만..

엥?
뭔 좋은 일??
내 오늘 취직했다는 거
아닙니까.
그래두 미운정이 들었는지
젤 먼저 선배 얼굴이
떠오릅디다.
얼렁 와서
앉아바바요..

오~ 듣던 중 베리 굿 뉴슨데!
그래 어떤 회사냐?
니 빈대생활도 이젠 끝이구나.

모 그냥 작은 아버지가 소개해 준 작은 회사예요.
어쨌든 이달부턴 적으나마 월급도 받게 될거고..
주식투자를 시작할까 하는데..
흐흠..

나한테 적당한 펀드 좀 소개시켜 줘요.
펀드란 게 당최 이것저것 복잡해서리...
흐뭇
오~ 호 니가 드디어 철이 드는구나. O.K 알려주쥐.

ETF라는 펀드가 괜찮을 거 같은데 말야...

아니거덩

복잡한 개별기업 정보 대신 전체적인 주식시장 상황만 보면 되니깐,
정보력이 약한 초보투자자에게 적합한 상품이라 할 수 있쥐.

근데요 선배 딸꾹..
그렇게 펀드에 대해 박식한 양반이 왜 이렇게 살아요?
꾀죄죄하게 ..딸꾹..

나 이렇게 사는데 니가 모 보태준 거 있냐?
사회 초년생 주제에 건방지게 남 아픈 구석을 긁냐? 딸꾹
헤헤 함 봐주셈.. 나가서 양주 사올까요?
빡
꿀꿀하게 쏘주 오징어 사온 주제끼..

인덱스 펀드의 대표주자 : ETF

주식과 관련된 펀드 중에 '인덱스 펀드'란 게 있습니다. 인덱스(Index)는 '지수(指數)'라는 뜻이죠. 일반적으로 주식형 펀드가 펀드의 자금을 주식에 투자하는 것이라면 인덱스펀드는 주가지수에 투자하는 것이라고 보면 됩니다. 예를 들어 종합주가지수가 10%포인트 상승했다면, 인덱스펀드 역시 더도 말고 덜도 말고 10%포인트 수익이 나도록 운용을 하는 것이죠. 이러한 인덱스 펀드 가운데 대표적인 상품이 바로 '상장지수펀드(ETF)'입니다.

주식처럼 매매가 가능한 펀드 상품—ETF

ETF(Exchange Traded Funds : 상장지수펀드)란, 주가지수에 연계된 인덱스펀드로서 주로 'KOSPI 200' 지수를 사용하죠. 이는 거래소의 대표적인 주식 200개를 모아 그 평균 주가를 계산한 지수인데요. 주식시장이 활황세를 타면 KOSPI 200지수도 오르게 되고 자연스레 ETF의 수익도 올라가게 된답니다.

그런데 ETF는 그 거래방식에서 일반 펀드와는 상당히 다릅니다. 펀드 상품이라면 판매회사에 직접 찾아가 계좌를 개설해서 가입하는 것이 일반적입니다. 하지만 ETF의 경우에는 펀드 자체를 거래소에 상장시켜 마치 주식과 같이 거래할 수 있도록 해놓았습니다. 따라서 ETF에 가입하려면 증권사에 전화를 하거나 HTS(홈 트레이딩 시스템)를 이용해서 인터넷으로 매수를 하면 됩니다. 환매시에도 일반 펀드의 경우 환매 신청일 다음날의 종가로 환매가 됩니다. 이 역시 투자자들 입장에서 이만저만 불편한 게 아니죠. 하지만 ETF는 별다른 환매절차 없이 바로 전화나 인터넷으로 매도주문만 내면 됩니다. 마치 주식을 거래하듯이 말입니다.

또한 주식과 똑같이 HTS에서 종목명을 입력하면 현재가나 그래프 등을 찾아볼 수 있습니다. 매매단위도 주식거래와 같이 10주씩 거래됩니다. 삼성투신운용의 'KODEX200'과 LG투신운용의 'KOSEF'가 대표적인 ETF 상품입니다.

물론, ETF 역시 주가가 떨어지면 손해를 볼 수도 있습니다. 이런 위험이 있기 때문에 언뜻 보면 개별 주식투자와 별반 다를 게 없어보입니다만, 실상은 그렇지 않습니다. 개별 주식에 투자했을 경우는 주식시장의 전반적인 상황과 각 개별 주식의 주가 추이, 해당 기업의 펀더멘털(fundamental) 등 여러 가지 상황을 살펴봐야 합니다. 하지만 ETF의 경우 무려 200개나 되는 우량한 주식의 평균 주가인 KOSPI 200과 연계되어 있기 때문에 투자를 한 후에도 개별 기업의 정보를 굳이 알 필요가 없다는 것이죠. 단지 전체적인 주식시장 상황만 지켜보면 됩니다. 따라서 개별 주식투자에서 외국인이나 기관투자자보다 상대적으로 정보력이 약한 초보 투자자가 한번쯤 고려해 볼 만한 투자상품입니다.

야~ 직장생활이란 거
결코 만만히 볼 게
아니더구만..

매일같이 야근에
잔업에..
그래도 월급날
기다리는 맛에
그럭저럭 참을만
하지.

X랄 한다...

그래 까짓것.
내 한턱 쏜다.
우리집 가서 신나는
파뤼를 즐겨 보아요.
됐어 임마
그럴까..

쨔잔~

얌마!
파뤼라면서
고작 김밥 만두
떡볶이냐?

쨔샤..신입사원 월급에
이정도면 진수성찬이쥐..
잔말 말고 라면이나
같이 끓이자.
김양라면

계란 넣어야지
계란을 넣으면 김양라면 고유의 맛이 안나.

다 끓였다. 자 다같이 맛나게 먹자구....요..오.
헉

꺼억~.

너~이 돼지시키!
혼자 다 처먹겠냐?
아 미안.. 나도 모르게 그만.다시 사오면 되잖아
잠시 후‥‥‥

쯤만 기둘려라. 내가 먹기 좋게 썰어줄게.

자 얼렁들 드셔~

엥..만두가 상했나? 맛이 여~엉. 할 수 없이 내가 다 먹어야겠네..
어이쿠..실수로 떡볶이에 침이.
퉤

우걱우걱 쩝쩝
불쌍하다. 그냥 쳐먹게 놔두고 우린 라면이나 먹자.
라면.... 다 불었다..

헤지펀드는 투기펀드?

소버린이나 헤르메스 같은 외국계 헤지펀드가 적대적인 M&A로 국내 대기업의 경영권을 위협하고 있다는 기사를 종종 본 적이 있을 겁니다. 그럼 이 헤지펀드란 게 과연 어떤 것이길래 굵직한 대기업들의 경영권까지 위협할 만큼 힘이 있을까요?

우선 헤지를 영어사전에서 찾아보면 여러 가지 뜻 중에서 "내기에서 양다리 걸치기"라는 뜻이 있습니다. 원래 양다리 걸치기라는 게 혹시 한쪽으로만 몰빵을 했다가 전재산을 잃을 수 있으니 이쪽 저쪽 나눠서 배팅을 한다는 거겠죠.

금융에서의 '헤지(hedge)'라는 말은 투자에 있어서 발생할 수 있는 가격변동의 위험을 회피하기 위해 여러 가지 금융기법을 활용하는 것을 말합니다. 한 종목에만 집중해서 투자하는 것보다 여러 종목에 분산해서 투자하는 것이나, 이미 투자해 놓은 현물의 미래 가격변동 위험을 피하기 위해 미리 선물계약을 맺어놓는 것도 헤지의 일종입니다.

'헤지펀드'란 이러한 헤지의 개념을 펀드자산 운용에 사용하는 펀드를 말합니다. 투자 위험을 줄이기 위해 매도와 매수를 동시에 사용하는 방법으로 양다리 걸치기 운용전략을 쓰는 펀드가 1950년경 미국에서 처음 소개가 되자 사람들은 이를 '헤지를 하는 펀드'라고 부르기 시작한 것이 그 유래가 되었습니다.

하지만 1990년대 들어서면서 이러한 헤지펀드는 그 운용전략이 조금씩 변질되기 시작합니다. 단기적인 투자수익을 얻기 위해 국제적인 금융혼란이 있을 때마다 투기적인 거래의 선봉에 서기 시작한 거죠. 대부분이 사모펀드의 형태로 만들어진 헤지펀드는 특히 미국의 경우 증권관리위원회(SEC)의 등록 및 공시의무가 없습니다. 그래서 그 규모나 투자 내용에 대해서 미 당국도 제대로 파악하지 못한다고 합니다. 따라서 이러한 점을 이용해 국제적인 투기행위를 빈번하게 하고 있는 것이죠.

조지 소로스가 운용하는 퀀텀펀드가 환투기에 가까운 거래로 영국의 중앙은행인 영란은행을 굴복시킨 사례가 대표적이죠.

이렇듯 헤지펀드는 가면 갈수록 거대 자금과 국제적인 네트워크, 그리고 현란한 금융기법을 이용해 세계 각 나라에서 적대적 M&A 위협, 환투기, 투기적 파생상품 거래 등으로 막대한 단기 투자수익을 얻은 후에 곧바로 빠져나가는 실정입니다. 따라서 이제는 헤지펀드라고 부르기보다는 '투기펀드(speculative fund)'라고 부르는 편이 훨씬 어울릴지도 모릅니다.

외국계 헤지펀드의 주요 국내 투자이익 내역		
펀드 명	매매물건	투자이익(원)
론스타	스타타워 극동건설	2,400억 800억 원(증가 예상)
칼라일	한미은행 지분	7,270억 원(배당 포함)
골드만삭스	대우증권빌딩 · 은석빌딩	500억 원
웨스트 블록	명동센트럴펀드	340억 원
뉴브릿지	제일은행	1조 1,500억 원
소버린	SK(주)	9,300억 원

자료 : 〈한국경제신문〉, 2005.09.30

10년을 앞서가는
왕초보 주식투자

초절정 주식!
내가
유가증권이다!!
내가
유가증권이닷.
오매불망 채권!
VS

받아랏
열장샷!
스크롤
압박

스톱

애들 장난하냐?
니놈들은 기초부터
다시 배워야겠다.

표창권파
쇠공권파
족권파
애교권파
아~잉
강호에는 수많은 문파가
존재하고 있는데...

절대지존은 역시
우리 유가증권파다.
헌데 유가증권파 내에도
전문권법을 수련하는
무리들이 있으니

화폐로 무를 연마하는
화폐증권!
〈훈련중〉
촤르르르
은행

으갸갸갸갸~꿍
선박 등으로
힘을 키우는
상품증권!
상거래

그리고 주식, 채권등이
속한 자본증권...
증권회사

간략하게 도표로 보자면 이렇다.
고로 주식, 채권은 한솥밥을 먹는
식구다 이거다.
알겠냐?
증권
화폐증권
자본증권
상품증권
주식
채권
기타
ZZ
꿀
꿀

사형
사제
음..보기좋아
꼬덕
꼬덕

자 그럼 난 소임을 마쳤으니
이제 떠나련다. 어디로 가느뇨
묻진 말거라.
또다시
미개한 이들을
깨우치러
방랑의 길로..

사제, 우리
애교권파로 가서
함께 수련합세..
군아이디어

'주식＝증권'이 아니다!

우리가 흔히 증권이라고 하는 '유가증권(有價證券)'의 종류에 대해 알아보겠습니다. '증권' 하면 생각나는 게 증권회사이고 '증권회사' 하면 또 생각나는 게 주식투자이다 보니, 주식과 증권을 이음동의어(異音同義語)로 착각하시는 분이 많은 것 같습니다. 하지만 '증권＝주식'이라는 등식은 잘못된 것입니다. 실제로는 '(유가)증권 ＞ 주식'이라는 부등식이 맞는 것이죠. 유가증권에는 주식뿐만 아니라 우리가 잘 아는 채권 외에 각종 돈으로 바꿀 수 있는 여러 종이쪼가리를 상당 부분 포함하고 있습니다.

통상적으로 유가증권은 크게 3가지로 나눌 수 있는데요. 거의 돈과 마찬가지로 사용되는 수표나 어음과 같이 은행권에서 주로 취급하는 화폐증권과 상거래를 위해 주로 사용되는 선박증권이나 화물상환증 같은 상품증권, 마지막으로 주식이나 채권 같은 증권회사에서 주로 취급하는 자본증권을 들 수 있습니다.

물론 금융이나 재테크에 관심이 많은 사람이 일반적으로 '(유가)증권'이라고 일컫는 것은 바로 '자본증권'이죠. 자본증권의 대표주자로는 주식(stocks)과 채권(bonds)을 들 수 있습니다. 주식은 위험도 크고 기대수익률도 높은 특성이 있는 반면, 채권은 안정적이지만 높은 수익을 기대하기 어렵다는 특징이 있죠. 그래

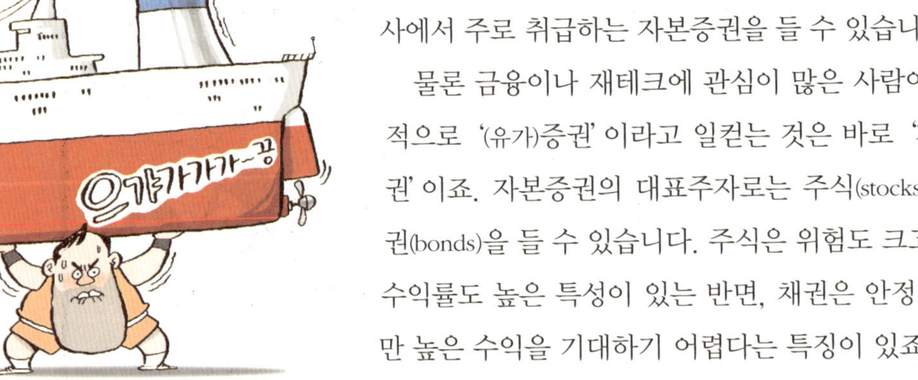

증권이란 유가증권(value instrument papers)의 준말이며 일반적으로 민법 또는 상법상에 보장된 재산권 또는 재산적 이익을 받을 자격을 나타내는 증권을 말합니다. 증권은 화폐증권(어음·수표·지폐), 상품증권(선하증권·창고증권), 자본증권(주식·채권) 등으로 구분합니다. 그러나 증권시장에서 말하는 유가증권은 증권시장에서 유통의 대상이 되고 있는 자본증권, 즉 주식과 채권 등을 말합니다.

서 주식은 냄비인 것 같고, 채권은 뚝배기인 것 같습니다.

그런데 자본증권에는 주식과 채권 이렇게 두 가지 증권만 있는 게 아닙니다. 실제로 자본증권을 주로 취급하는 증권회사에 가면 수익증권, 뮤추얼펀드, 신주인수권부사채(BW), 전환사채(CB), 자산유동화증권(ABS), 기업어음 등 '돈으로 바꿀 수 있는' 여러 가지 종류의 증권이 거래되고 있다는 것을 알 수 있습니다. 따라서 여러분이 지금까지 가지고 있었던 '증권＝주식'이란 등식은 빨리 머릿속에서 지워버리셔야 합니다. 증권회사에서 취급하는 것은 그만큼 다양하니까 말입니다.

유가증권	
구분	**종류**
화폐증권	수표, 어음, 은행권 등
상품증권	선박증권, 화물상환증 등
자본증권	주식, 채권(회사채·국공채) 등

낼모레가 조카놈 생일인디...
없는게 없는 장난감 지옥
어슬렁 어슬렁

어섭쇼~
뭐가 좋을까..

맘껏 골라보세용~
물건이 썩...

역쉬 안목이 높으시군요. NASA직수입품! 98만9천원에 모십니다.
크닉

굿 초이스! 53만원 입니다요.
흠흠.. 이건요?

10만원요~

사장니~ 임, 요..요건요?
만 오천원

OK! 결정했스.. 이걸루 주세요. 만오천원이라..
그건 전시용이라 못팔아. 낼모레 물건 들어오니까 그때와.
뒤적 뒤적

그런게 어딨어요?
아 글쎄 오늘 주문하고 모레 들러서 사가라니깐~

거 듣자하니
주식거래랑
비슷한
상황이군 그래.
행인1

주식거래 역시 주문한
날로부터 3일째 되는날
주식이 들어오고 그값을
치르게 되어 있거덩.
이를 '보통거래' 라고
하쥐.
그렇쥐!
행원2

단, 채권거래 시에는
당일에 결제한다.
요건 말 그대로
'당일결제거래'
채권

블라인드 브라더스 …
어이쿠야

하여튼 낼모레
다시 올테니
물건이나
준비해두셔.
그렇게
하시려무나
이렇게
된거란다.

아 그러니깐
선물은?
그게 말이야
그러니깐..
어제 저녁 술값이
모자라서리…

졸처드셈
잘 먹을게..
하루종일
굶었다…

주식거래는 3일 결제

편의점에서 담배 한 갑을 달라고 하면 바로 담배를 내줍니다. 그럼 담배를 받아들고 값을 즉시 치르면 됩니다. 이러한 행위가 가장 일반적인 상거래 행위죠. 하지만 상황에 따라서 달라질 수가 있습니다. 예컨대 3일 후 결혼기념일에 사랑하는 아내에게 꽃바구니와 케이크를 보낸다고 생각해 봅시다. 이 경우 주문은 오늘 하는 것이지만 물건은 3일 후 지정된 장소로 배달되는 거죠. 이를 통상 예약주문이라고 합니다.

이렇듯 상거래에서는 어떠한 조건을 붙이느냐에 따라 상품의 배달과 돈의 지불 방법이 다양합니다. 하지만 별말이 없는 한 담배를 사는 것처럼 주문 즉시 상품과 돈이 교환되는 게 보통의 거래죠.

주식거래도 일종의 상거래 행위입니다. 하지만 주식거래의 경우는 별다른 조건을 붙이지 않고 주문을 낸다고 해서 바로 주식이 자신의 손안(자신의 증권회사 계좌)으로 들어오는 게 아닙니다. 주식거래는 아무런 조건을 붙이지 않더라도 주문한 날로부터 시작해서 3일째 되는 날 주식이 들어오고 그 값을 치르도록 되어 있거든요.

물론 증권회사의 모든 거래가 3일째에 결제가 되는 것은 아닙니다. 국공채나 회사채 등 채권을 거래할 때에는 당일에 결제해야 합니다. 이렇게 증권회사에서 3

당일결제거래 & 보통거래

당일결제거래는 매매계약을 체결한 당일에 결제가 이루어지는 거래방법으로서 소액 채권의 경우 당일결제거래로 이루어집니다. 보통거래는 매매계약을 체결한 날로부터 3일째 되는 날(공휴일 제외)에 결제가 이루어집니다. 즉 3일 결제는 매매계약이 체결된 날부터 3일째 되는 날 증권의 소유권이 바뀌게 되는 것을 말합니다. 3일 결제제도를 이용한 공매도를 하나의 투자전략으로 이용할 수 있습니다. 즉 주식이 없는 상태에서 일단 매도를 합니다. 공매도 당일 주가가 떨어지면 주식을 다시 매수해 3일째 날 결제에 대비하면 됩니다. 그러나 공매도를 한 후에 주가가 오르면 투자자가 큰 손실을 입게 된다는 사실을 명심해야 합니다.

주식거래		
거래의 구분	해당 유가증권	내용
보통거래	주식	주문일로부터 3일째 결제
당일결제거래	채권(국공채 · 회사채)	주문일 당일에 결제

일째 결제하는 거래를 '보통거래'라고 하며, 당일 결제되는 거래를 '당일결제거래'라고 합니다.

　주식거래의 이런 특성을 잘 알고 있으면 오늘 사고 싶은 주식이 있을 경우 자신의 계좌에 돈이 좀 모자라더라도 망설일 필요가 없겠죠. 오늘(d일) 주문을 해 놓고 3일째 되는 날(d+2일)까지 돈을 마련해 계좌로 입금하면 되니까요.

　물론 모자라는 정도가 일정 선을 넘어선 안 되는데요. 이는 다음에 설명 드릴 게요.

짹짹
♬

퍽

내 낮잠을
방해하지 말지어다.

젊은놈이 매일
낮잠이나 퍼질러 자냐?
〈목소리 출연: 아버지〉
헉
쾅

장에 가서 황소
좋은놈 한마리
주문넣고 와라.
낼모레 살거라고...
냉큼!!
랑 데이트 있는데...

아..알았어요.
다녀오면
되잖아요.

황소 젖소 송아지
안녕하세뮹
중개전문
농번기 정기세일

소 한마리
사려고
하는데요..
직접
골라보게나.
소처럼
생겼다

어느 놈이 좋을까..
으쓱
으쓱

음... 이놈으로 하죠.
볼줄은 아는거냐?
주식

낼모레 사러올테니 딴 사람한테 팔면 안돼요.

그걸 어떻게 믿나.. 그때가서 딴소리 하면 나만 손해지. 못팔어.

아 젠장~ 속고만 사셨나.. 이렇게 찜해 놓으면 되잖아요.
아뜨
찜

그래도 안돼. 정 사고 싶으면 위탁증거금을 여기에 넣든지...
위탁계좌

얼만데요?
보통 소값의 4할을 받는데.. 소값이 100냥 이니깐... 40냥 넣으면 되겠네.
콕콕

흠~ 알았어요. 자 여기 한냥!!
?
?

꼬리만 잘라갈텡게. 몸보신으로 꼬리곰탕이나 해먹어야겠다

114

03 주식거래, 위탁증거금이 있어야 한다

통상 주식거래는 주문한 날로부터 3일째 되는 날 돈을 지불하고 주식을 받으면 됩니다. 다시 말해 지금 갖고 있는 돈이 없더라도 주식을 주문할 수 있다는 거죠. 그런데 말이죠. 세상에는 별의별 사람이 다 있습니다. 따라서 3일이라는 여유시간이 있으면 말이죠. 그 기간 동안 마음이 변하거나 아예 처음부터 그럴 작정으로 돈을 내지 않고 오리발을 내미는 사람이 생길 겁니다.

이러한 위험을 방지하기 위해 증권회사에서는 주문을 내기 전에 미리 일정한 금액을 증권계좌에 넣어두도록 요구하고 있습니다. 이 돈을 '위탁증거금' 이라고 하죠. 여기서 위탁(委託)이란 말이 들어가는 이유는 일반적으로 우리가 상장회사의 주식을 거래할 때 직접 주식을 사고파는 것이 아니라, 계좌를 만들어놓고 증권회사를 시켜서 사거나 팔도록 하죠. 이렇듯 거래를 증권회사에 맡긴다는 뜻에서 증권계좌를 위탁계좌라 하고, 그에 따른 증거금을 위탁증거금이라 하는 거죠.

위탁증거금은 증권회사마다 조금씩 다르지만 일반적으로 매수 주문을 하는 총금액의 40%(현금 10%, 유가증권 30%)가 되어야 합니다. 다시 말해 자신의 증권계좌에 40만 원 상당의 돈이나 다른 주식 등의 유가증권이 미리 들어가 있지 않으면 새로 100만 원어치 주식을 살 수 없다는 뜻입니다.

위탁증거금은 선물·옵션거래 계약의 이행을 보증하기 위해 요구되는 현금이나 유가증권을 말합니다. 기본적으로 다음과 같은 4가지 종류의 예탁금이 있습니다.

① 기본예탁금은 미결제약정이 없는 상태에서 신규 매매거래의 위탁시 사전에 납부해야 하는 최소 금액으로 500만 원 이상의 현금 또는 대용증권을 말합니다.
② 신규위탁증거금은 신규 매매거래의 위탁시 증권회사에 납부하는 증거금으로 신규 위탁 수량에 대한 위탁증거금과 기존의 미결제약정에 대한 위탁증거금을 합계한 금액 이상의 현금 또는 대용증권을 말합니다.
③ 유지위탁증거금은 고객이 자신의 선물·옵션 포지션을 유지하는 데 필요한 최소한의 증거금을 말합니다.
④ 추가 증거금은 위탁자의 예탁 총액이 유지위탁증거금보다 적은 경우에 추가로 납부해야 하는 증거금을 말하며, 예탁 총액이 위탁증거금 수준 이상이 되도록 부족액을 납부해야 합니다.

이러한 위탁증거금제도를 잘 이용하면 재미있는 거래를 할 수 있습니다. 예를 들어 월요일에 자신의 증권계좌에 100만 원을 입금시킨 후 100만 원어치 주식을 샀다고 해보죠. 그럼 증권회사에서는 우선 그 40%에 해당하는 40만 원만 위탁증거금으로 인식하거든요. 따라서 나머지 60만 원으로 주식을 추가적으로 살 수 있답니다. 이렇게 해서 총 250만 원어치의 주식을 매수할 수 있는 거죠. 이러한 거래를 '미수거래'라고 합니다.

물론 가진 금액보다 더 많이 주식을 살 수 있다고 해서 마냥 좋아할 수는 없겠죠. 3일째인 수요일이 되는 날까지 모자라는 150만 원을 채워넣어야 하기 때문인데요. 만약 그렇게 하지 않으면 증권회사가 증권계좌에 있는 주식을 강제로 팔아서 해당 금액만큼을 충당해 버립니다. 주가가 오르든, 떨어지든 상관하지 않고 말이죠.

왕초보를 위한 한국형 금융재테크

헉헉

거래소

끼이익

늦으셨군..
미행은 없었겠지?

걱정 마시게.
장사 어디
하루이틀 하나?

물건은?

신선한 걸로 준비하느라
애 좀 먹었지.
쿵

대금은 현찰로 준비했네.
이로써 우리 거래는
끝난 듯하군.

잠깐

거래소를 통해 주식거래를
했으면 증권거래세를
내셔야지.
단 매도시에만 내면 돼.

음~ 그걸 깜빡했군.
얼마면 될까?
난 매수자
흠흠
원래
몰랐음

0.15%에다가
농특세 0.15% 더해서
0.3% 주시면
되겠네.

그리고 또 하나,
증권사 수수료라는 것도
내야 하는데..
이건 매수, 매도 모두에
해당되는 거쥐.
그건 또
얼만데?
치~

큰거 한장!
내가
좀
쎄거덩

에라이
큰거
한방이나
디져

그렇다면
물건도
못가져가~
악!
내주식
턱

느희들
주식이란게
밥이었나?
모니모니 해도
우리의 주식은 밥!

04 주식을 거래할 때 어떤 세금을 내야 하나?

주식매매는 그 이익이 얼마가 되더라도 세금(양도소득세)을 내지 않습니다. 물론 거래소(유가증권시장·코스닥시장)를 통해 거래할 경우에 그렇다는 것이죠. 반면 장외에서 직접 만나서 주식을 거래할 때는 '양도소득세'를 물어야 합니다. 일반적으로 주식거래를 한다고 하면 거래소를 통해서 하는 것이기 때문에 주식매매차익에 대한 양도소득세는 낼 필요가 없다고 생각하셔도 무방하다는 거죠.

그런데 말이죠. 실제로 거래소를 통해서 주식거래를 했는데도 불구하고 정작 거래내역을 받아 보면 뭔가 세금 같은 것이 빠져나갔다는 사실을 알 수 있습니다. 그럼 이건 어떤 명목으로 떼인 걸까요?

거래소를 통해 주식거래를 하게 되면 0.3%의 '증권거래세'를 내야 합니다. 유가증권시장의 경우 0.15%에 농특세 0.15%가 포함되어 0.3%이며, 코스닥시장의 경우 농특세 없이 증권거래세만 0.3%입니다. 물론 장외에서 거래를 할 경우에는 0.5%의 거래세를 내야 합니다. 이러한 거래세는 주식뿐 아니라 채권을 거래할 때도 마찬가지입니다. 증권거래세는 매수할 때는 내지 않고, 매도할 때만 냅니다. 물론 손해를 보고 팔 때도 억울하지만 내야 합니다.

주식거래시 또 하나 떼어가는 게 있는데 그게 바로 '증권사 수수료'입니다. 이건 세금이 아니라 말 그대로 수수료입니다.

거래소에서 주식을 거래할 때는 반드시 증권사에 의뢰해서 거래해야 합니다. 그렇게 법으로 정해져 있죠. 따라서 증권사에 소정의 수수료를 지불해야 합니다. 증권사 수수료는 증권거래세와는 달리 매수할 때나 매도할 때 모두 내야 합니다. 물론 이것 역시 손해를 보고 팔 때도 내야 합니다.

그럼 주식을 100만 원에 사서 110만 원에 팔았다면 총 얼마의 거래세와 수수료가 떼일까요? 만약 증권사의 수수료가 0.13%라고 한다면,

매수시 : 100만 원 × 0.13% = 1,300원
매도시 : 110만 원 × (0.13% + 0.3%) = 4,730원(0.3%는 증권거래세)
합 계 : 1,300원 + 4,730원 = 6,030원

위의 계산과 같이 총 6,030원의 수수료와 세금을 내야 하는 거죠.

이러한 수수료는 증권사마다 제각각 다릅니다. 같은 증권사라 해도 전화나 직접 방문하여 주문할 때보다 인터넷을 통해 주문할 때가 좀더 쌉니다. 증권사들은 이 수수료로 고객 끌어들이기 경쟁을 합니다. 심지어 가입 후 한 달 내에서는 수수료를 무료로 하는 증권사도 생겼습니다. 수수료를 내야 하는 투자자들에겐 좋은 일이지만 너무 파격적인 수수료 인하정책으로 증권사들끼리 제살 뜯어먹기 경쟁이 되어 문제가 되기도 한답니다.

아줌마.. 조기 새로 나온 그거 얼마요?

감자칩 말고 용심 고추칩 없어요?

이 맥주 환불해 줘요. 마셔도 취하질 않어..

아줌마 아녜요!
후추칩 드셈..
그럼 아줌씨?
뚜껑 딴 건 환불 안된다니까요..
불량품이라고 신고할거여.
난 후추칩 알러지 있다고요.

고마해라.. 이 자식들아!

시방 이것이 몬 난리여?
꽥ㅇ
쾅ㅇ

당신은 나이도 좀
먹은 듯 한데
뭔 생쑈여?

우쒸~ 얘덜은
통제가 안되서리..

어쨌든 연장자인 당신이
중구난방 요구들을 모아서
한꺼번에 주문을
해야될 것 아녀?

주식거래로 치면
증권사 역할을
하라 이 말씀이군여?

그건 또
몬 뜬금없는
소리당가?

많은 사람들이 모두 거래소로 몰려와
주문을 낸다면 무지 복잡할 거 아닙니까?
이 때 정부로부터 허가받은 기관이
이를 모아서 한꺼번에 주문을
내주는데, 이 기관이
증권사인 거죠.
후~

잘 듣긴 했는데..
아까 갸네들이 사간
물건값은 워쩔겨?
뽁

저는 그저..
그놈들이
뭐 좀 사준다길래
따라온 것 뿐예요
지금은
땡전
한푼도

아이고..
내 팔자야 T.T
저 먼저
퇴근해용

위탁계좌와 증권사의 업무

주식거래를 하려면 우선 증권사에 가서 계좌를 만들어야 합니다. 그리고 그 계좌에 일정한 액수의 금액을 넣어놓아야 주식을 살 수 있답니다. 이러한 계좌를 '위탁계좌' 라고 합니다. 실명확인을 할 수 있는 신분증(주민등록증·운전면허증·여권 등)과 도장(서명으로도 가능)을 들고 가까운 증권사 지점에 가면 누구나 만들 수 있답니다.

'위탁' 이라고 하니까 이름이 좀 생소한데요. 이는 증권사 입장에서 고객의 주문을 대신 위탁받아서 사고 팔아주기 때문에 위탁계좌라고 하는 거죠. 이렇듯 금융용어에는 금융기관 관점에서의 딱딱한 용어가 자주 등장하는데, 괜히 말만 어려운 것이지 별거 아닙니다. 쉽게 생각해서 '증권거래용 계좌' 라고 이해하면 됩니다.

주식과 같은 증권(유가증권)의 거래는 특별한 경우가 아니고선 증권사를 통해서 해야 합니다. 물론 주식도 상품이라 개인적으로 사고 팔 수는 있습니다. 하지만 그렇게 내버려두면 위조 주식도 나올 수 있고, 거래시 각종 사기도 발생할 수 있겠죠. 경제의 핏줄이 되는 주식의 중요도를 볼 때 정부에서 이러한 일을 그냥 간과할 수는 없습니다. 그래서 정부에서 허가받은 주식(상장주식)을 안심하고 거래할 수 있도록 거래소(*한국증권선물거래소)를 만들어 가급적이면 일반 투자자들이 여기서 거래를 하도록 해놓았죠.

그런데 말이죠. 하루에도 주식을 거래하려는 투자자들은 수백만 명이 넘을 겁니다. 이 많은 사람들이 모두 거래소로 몰려와 주문을 낸다면 얼마나 복잡하겠습니까? 그래서 정부에서는 다시 이 거래소에 주문을 낼 수 있는 기관을 몇 개 허가해 준 거죠. 그래서 투자자들은 이 허가받은 기관에 주문을 내면 이를 모아서 거래소에 한꺼번에 주문을 내도록 하는 거죠. 바로 이 기관이 증권사인 겁니다. 다시 말해 증권사는 투자자들의 주식 주문을 대신 심부름해 주는 것이죠. 물론, 심부름 값은 투자자들로부터 받습니다. 이게 바로 '증권거래 수수료' 입니다.

물론, 증권사가 투자자의 주식을 대신해서 사고 팔아주는 '위탁매매업무(brokerage)'만 하는 건 아닙니다. 증권사 스스로도 투자가치가 있는 증권을 사고 파는 '자기매매업무(dealing)'도 합니다. 또한 기업들이 발행하는 유가증권을 받아다 시장에 대신 팔아주는 '인수업무(underwriting)'도 합니다. 이 3가지 업무가 증권사의 대표적인 업무랍니다.

쿨…

드르렁

쿨
드르렁

떴다!

팟
팟

휙
휙

열심히 일하세
허허 이 사람두..
당연한 얘기를..
영차
뭔가 찜찜해

에헴..
올해도 여러분들 덕에
우리 과수원에서
많은 배를 수확하게
되었다.

오늘 여러분들에게
수확한 배의 일부를
배당해 주려 하는데..
얏호!

난 이만큼!
야-야
난 이따시-
만큼.

배를 배당하기에 앞서
배당률과 배당수익률을
계산해 보면..
무식한
놈들..
뿍뿍

기존의 배에서 몇 배의 배를
가져갈 수 있는지를
계산하면서...
배의 배열을 재배치 해야만
하는..중얼중얼..
어쩌구 저쩌구..
중얼..
씨~
날새겠다

쾅!

너 혼자
다
먹어라

배당률 No, 배당수익률 Yes

가치투자에 관심이 높아지면서 계절이 가을 즈음으로 접어들면 배당 관련 주식에 투자하라는 주식 전문가들의 조언이 눈에 띄기 시작합니다.

주식에 투자하면 주주가 얻을 수 있는 수익은 크게 두 가지로 나뉩니다. 첫째는 낮은 가격에 사서 높은 가격에 되팔아 생기는 수익으로 이를 '시세차익'이라고 하죠. 그리고 또 하나가 바로 '배당수익'입니다. '배당(dividend)'이란 회사가 1년 동안 열심히 영업을 해서 이익이 발생하면, 그 중 일부를 해당 회사의 주식을 가지고 있는 주주에게 나눠주는 걸 말합니다.

물론 자본주의 사회에서 주식회사의 주인은 주주이므로 벌어들인 이익의 전부를 나눠줘야 하는 게 정상이겠죠. 하지만 1년 번 것을 모두 주주들에게 나눠주고 나면 다음해 혹시 큰돈을 필요로 하는 일이라도 생기면 낭패가 아닐 수 없겠죠. 그래서 적정한 수준은 회사에 유보를 시켜놓고 나머지 금액을 배당으로 나눠주게 되는 겁니다.

이때 배당을 하는 금액의 크기를 나타내는 지표로 '배당률', '배당수익률', 그리고 '배당성향'이라는 것을 사용하게 됩니다.

예를 들어 A회사가 1주당 500원의 배당을 했는데, 이 회사 주식의 액면가가 5,000원이면 배당률은 10%(500원÷5,000원)가 됩니다. 또한 B회사의 경우 역시 주식의 액면가는 5,000원인데 1주당 600원씩 배당했다면 배당률은

12%(600원÷5,000원)가 되는 거죠.

주주의 입장에서야 배당을 많이 주는 회사를 더 선호하겠죠. 위의 예에서 언뜻 보면 배당률 12%를 배당한 B회사가 좋아보이겠죠. 하지만 반드시 그런 것은 아닙니다.

만약 배당할 당시의 현재 주가가 A회사의 경우 1만 원인데, B회사의 경우는 2만 원이라고 해보죠. 그럼 A회사의 배당수익률은 5%(500원÷1만 원)인데, B회사의 배당수익률은 고작 3%(600원÷2만 원)밖에 안 되는 걸 알 수 있습니다. 따라서 배당률로 따질 때는 B회사가 더 높아 보이지만 배당수익률로 따지게 되면 A회사가 더 높게 되는 거죠.

주식은 액면가로 거래되는 게 아니라 현재의 주가로 거래되는 것이므로 주주의 입장에서는 실제 투자 대비 얼마의 배당이 지급되는가 하는 배당수익률이 더 중요합니다. 따라서 연말이 다가오면 실적이 좋은 회사들이 자신의 배당률을 자랑할 때 이 숫자에 현혹되지 말고 반드시 현재 주가를 대입해서 계산한 배당수익률로 높은 배당을 하는 회사를 고르시길 바랍니다.

참고로 배당률과 배당수익률은 주주의 관점에서 얼마의 배당을 받는가를 나타내는 지표이고 배당성향은 회사의 관점에서 얼마만큼 배당을 주었는가를 나타내는 지표랍니다.

왕초보를 위한 한국형 담영제테크

뭐가 이렇게 시끄러워?
나왔다 워쩔건데?

아니 ..모 그냥..
우린 단지 주방장님의 거룩한
음식이 늦어지길래..흥흥.
쒸~
니가
나오라
그랬잖아..
말 사키지마
신문 보잖아

쟤 음식이 먼저 나온 이유는,
첫째, 비싼 탕수육 시켜서
둘째, 너희 셋 중 젤 먼저 주문해서
세째, 양도 곱배기로 시켰기
때문이다.
알겠나?
네……

주문한 자장면 둘 나왔수다..
텅
텅

엇! 벌써 다먹어
버렸네~잉
뱃속에 기별도
안갔는데...

얘덜아~
니네 자장면
쪼금씩만
나눠주라. 응?
휙

욱
우-욱
튀
튀

주식 주문체결의 3대 원칙

경쟁이 치열할 때는 원칙을 갖고 배분해야 합니다. 훈련소에선 발빠른 순, 자대에서는 계급 순… 이런 식으로 말입니다. 주식 투자자들이 낸 주문을 체결할 때도 일정한 원칙이 존재합니다. 수많은 투자자들이 동시다발적으로 주문을 내기 때문에 원칙을 세워놓지 않고 주문을 체결한다면 커다란 혼란이 생길 게 뻔하기 때문입니다.

그럼 어떤 원칙에 의해 주식 주문이 체결될까요? 증권사 직원과 개인적 친분이 있다고 먼저 주문을 체결해 줄까요? 아니면 사회적 신분이 높은 사람 순서대로 주식 주문을 체결해 줄까요? 물론 그건 아니겠죠. 만약 그랬다면 폭동이 날 겁니다. 거래소에서 주식 주문을 체결할 때 적용하는 원칙은 세 가지입니다. 이를 가격우선, 시간우선, 수량우선의 원칙이라고 하는데, 좀더 자세히 살펴보겠습니다.

① **'가격우선의 원칙'** : 같은 주식에 대해 매매주문을 냈을 때, 매수주문은 비싸게 주문 낸 것부터, 매도주문이라면 싸게 주문을 낸 것부터 거래를 체결시킵니다. 예를 들어 김씨는 A주식을 4,000원에 팔겠다는 주문을, 이씨는 A주식을 5,000원에 팔겠다는 주문을 냈다고 해보죠. 이런 경우 A주식의 주가가 현재 5,000원에 형성되었다 하더라도 김씨의 주문이 먼저 체결이 되어 5,000원에 팔리게 되는 거죠. 결국 김씨는 낮

게 팔겠다고 내놓았기 때문에 자신의 주문가보다 1,000원을 더 받고 판 셈이 된 거죠. 즉 자신의 주식을 빨리 팔고 싶다면 매도호가를 가급적 낮게, 반대일 경우에는 매수호가를 높게 내면 됩니다.

② '시간우선의 원칙' : 같은 주식을 주문할 때 가격이 똑같을 경우, 주문을 낸 시간에 따라 먼저 접수된 것을 먼저 체결한다는 거죠. 이건 훈련소의 점심식사와 같이 당연한 이야기이니 길게 설명 안 해도 되겠죠. 지금 주문을 낸 것과 몇 분 전에 주문을 낸 것과 비교할 순 없지 않겠습니까?

③ '수량우선의 원칙' : 이것은 같은 가격으로 동시에 주문이 들어왔을 때 주문량이 많은 사람에게 우선적으로 주식을 배정해 주는 것을 말합니다. 주식도 일종의 게임이라 주식시장이 시작되면서 하룻동안의 게임이 시작되고, 장이 끝나면서 게임도 끝나게 됩니다. 그런데 장이 시작되기 전 몇 분과 끝나기 전 몇 분은 일반적인 게임의 원칙을 적용하기가 쉽지 않습니다. 달리기를 할 때 출발신호가 나기 전에 출발점에서 먼저 준비하고 있었다고 해서 특혜를 줄 수 없듯이 말입니다. 그래서 이때 들어온 주문은 호가의 시간적 선후를 구분하지 않고 모두 동시에 들어왔다고 간주하여 이를 '동시호가'라 합니다. 이렇듯 동시호가 상황에서는 주문을 많이 낸 사람의 거래를 먼저 체결해 준답니다.

심심해

집에나 갈란다.
친구놈들이라고 하나같이
백수들 뿐이니 원 참..
도움이 안돼..

쒸~ 누가 할 소릴..
니팔뚝 굵다

이건 또 뭐다냐?
사뿐

!

이것은…
천만원 당첨된
즉석복권…
당첨금 1000만원
7 7 7
부들부들 …

!!!!
벌떡

원만아!
뭐 먹고싶은 거 없나?
내가 다 사줄게..
누구세요?
심부름 시킬 거
있음 말만 해.
안마 받으샘
옷에 먼지가..

내 인기가 이렇게 좋았나?
갑자기 주가가 껑충 뛰니깐
적응이 안되는구먼. 허허..
으쓱

순식간에 솟구쳐 오른
아이디언데..
당첨금 받아서 창업 할거다.
20대 청년사장이 되는
것이쥐.
훗

오 ~ 굿.
역시 원만이 너는
생각의 스케일이
참으로 원대하구나.
빵집창업
어때?

어쨌든 내가 사업을
시작하면 자네들에게도
자리 하나씩 마련되도록
힘써보겠네. 그럼 슬슬
은행으로 가볼까..

네?
그게 무슨
말씀이셔요
—…?

아 글쎄 이건 초등학교 앞
문방구에서 파는
장난감 복권이라니깐요.
좌~악

진짜지 가짜지
구분도 못하는
시키..
으이구
망신살 뻗쳐
주가…
하한가로폭락
…

주가의 상한가 · 하한가

많은 경제학자들은 시장이 합리적 · 효율적으로 움직인다고 말합니다. 따라서 시장에서 결정되는 가격은 해당 물건의 실질적인 가치를 정확히 반영하는 것이라고 합니다.

주가란 주식의 가격을 말합니다. 따라서 주가 역시 주식의 가치를 정확히 반영한 것이라고 봐야겠죠. 주가가 오른다는 것은 그 주식의 가치가 높아졌다는 것이고, 반대로 주가가 내린다는 것은 그 주식의 가치가 떨어졌다는 것을 의미하죠. 적어도 경제학자의 이론에 따른다면 말입니다.

하지만 주식시장을 조금이라도 경험해 본 사람이라면 주가가 말처럼 그렇게 합리적으로만 움직이는 것은 아니란 걸 금방 알 게 됩니다. 그 회사 주식의 실제 가치는 별반 변한 게 없는데, 상승장일 때는 별 근거 없는 소문에도 주가가 천정부지로 치솟습니다. 반대로 미국의 9 · 11 테러 같은 사건이라도 발생하게 되면 그와 별 상관이 없을 법한 우리나라 주가마저 곤두박질치곤 합니다.

이렇듯 주식시장에서는 여러 투자자들의 비이성적인 불안심리와 근거 없는 기대심리로 주가가 등락을 거듭하는 면이 있습니다. 사정이 이렇다 보니 우리나라 증권시장에서는 주가의 갑작스런 상승과 하락을 어느 정도 완화하기 위해 '가격변동제한제도'를 두고 있습니다. 이를 통해 주가

급등락에 따른 개미투자자들의 피해를 막고자 하는 것이죠.

이는 '상한가'와 '하한가'로 나눌 수 있는데요. 상한가의 경우 주가의 하루 변동폭이 직전 거래일의 종가를 기준으로 15% 이상 올라가면 더 이상 주가가 올라가지 못하도록 제한하는 것이고, 하한가의 경우 15% 이하로 내려가면 이를 제한하는 것입니다. 예를 들어 어제 종가가 1,000원이었던 주식은 오늘 주가가 아무리 올라도 1,150원(상한가)을 넘지 못하고 또한 아무리 내려도 850원(하한가) 밑으로는 떨어지지 못하는 것이죠.

과거에는 유가증권시장(거래소시장)만 상·하한가 제한 폭이 15%, 코스닥시장의 경우는 12%였지만, 2005년 3월부터 코스닥시장의 상·하한가 제한 폭 역시 15%로 확대되었습니다.

물론 미국과 같이 가격에 대한 규제를 터부시하는 나라에서는 이러한 상·하한가 제한을 두지 않습니다. 따라서 하루에 150%까지 주가가 급등한 사례도 있답니다.

따닥

앗싸 1등!

난 아쉽게도 2등.
당구비 정도는 내주쥐.

우씨~ 꼴등

자 약속대로~
맥주집으로..
손차워
짜샤
덕

COFFEE
돼지가 술독에
빠진날
360~나....

여기 맥주
5백하나 터요
나두
작작좀
쳐마셔라..

용돈 받은 거
하루만에 다 날리게
생겼네..

오늘도 저희 가게를
찾아주신 손님 여러분
대단히 감솨합니다~

가게오픈 1주년을 맞아
지금부터 30분간 드시는
술과 안주에 한해
무료로 서어비스
하겠습니다~ 아.

쿵

여기
맥주랑 안주랑
왕창요!
푸읍
벌떡

패닉...

상태...

우걱우걱
벌컥
벌컥

저러다
죽을지도
몰라..
막자..

저 자식은
한마리의
돼지여.
신경 끄고
우리끼리
사람답게
먹자.
웁웁

주식 거래정지

한 예언가가 새해를 맞이하여 A은행이 1년 내에 망할 것이라고 예언
했답니다. 처음엔 한두 명의 고객이 이 예언가의 말을 듣고 찜찜해
서 예금을 해약하기 시작했습니다. 그러자 그 숫자는 점점 늘어났고, 나중
에는 '정말 이 은행에 뭔가 문제가 있으니 이렇게 많은 사람들이 예금을 해
약하는 것 아니겠느냐'며 너도나도 은행에서 돈을 빼기 위해 몰려들었답니
다. 그래서 결국은 아무 문제가 없던 A은행이 정말 1년 안에 파산했다는 이
야기가 있습니다.

이렇듯 사람들은 별다른 이유 없이 군중 심리에 휩쓸려 극단적인 행동을
하는 경향이 있습니다. 평소에는 합리적이고 이성적인 판단을 할 것 같은
사람이라도 일단 심리적인 공황상태에 빠지면 어쩔 수가 없는 모양입니다.

특히 주식투자는 돈이 걸려 있는 문제라 이런 현상이 더욱 빈번하게 일
어납니다. 9 · 11테러 같은 악재가 발생하면 많은 투자자들이 이성과 냉정
을 잃어 버려 별다른 상관도 없는 주식가격까지 덩달아 폭락하게 됩니다.
이렇게 냉정을 잃어버린 투자자들에게는 잠시 쉬게 하는 것이 가장 좋은 방
법입니다. 따라서 주식시장에서는 주가가 터무니없이 빠지거나 오를 경우
투자자들이 잠시 쉴 수 있도록 거래를 정지시키는 제도들이 있는데요. 이를
'사이드 카(Side Car)', '서킷 브레이커(Circuit Breakers)' 라고 합니다.

- **사이드 카**란 선물시장의 가격이 전일 종가 대비 5% 이상 상승 또는 하락한 시세가 1분 간 지속될 경우 현물시장에서 프로그램 매매호가를 5분 간 정지시킴으로써 선물시장의 충격으로부터 현물시장을 보호하는 것을 말합니다.
  사이드 카는 발동 5분 후 자동적으로 해제되며 하루 한 차례에 한해서만 발동됩니다. 또한 주식시장 매매거래 종료 40분전, 즉 오후 2시 20분 이후에는 발동되지 않습니다. 사이드 카는 과속으로 질주하는 주가(Car)를 사고가 나지 않도록 잠시 옆(Side)으로 세워둔다는 의미에서 붙여진 이름입니다.

- **서킷 브레이커**란 주가지수가 전일 대비 10% 이상 하락하여 1분 간 지속하는 경우에 일시적으로 매매거래를 중단하는 제도입니다. 매매거래 중단 후 20분이 지나면 다시 매매거래를 할 수 있습니다. 그리고 매매거래가 다시 개시될 때는 10분 간 호가를 접수하여 단일가 매매방법으로 가격을 결정하죠. 그 후에는 접속매매방법으로 매매를 체결합니다. 그야말로 패닉 상태에 빠진 주식시장의 전산회로(Circuit)를 일시적으로 끊어(Break) 주식거래를 못하게 함으로써 투자자들이 냉정을 찾도록 하는 거죠.

사실 이러한 제도를 발동한다고 해서 달라질 것은 아무것도 없습니다. 악재가 없어지는 것도 아니고 새로운 호재가 생기는 것도 아닙니다. 하지만 한번 이성을 잃어버린 투자자를 그대로 계속 방치해 두었다가는 주식시장의 상황은 걷잡을 수 없게 되니까 잠시 휴식을 취하도록 하는 거죠. 다시 말해, '사이드 카' 나 '서킷 브레이커' 라는 제도는 주식시장이란 게 흥분된 감정에 따라 좌지우지되는, 생각보다 우매(?)하고 합리적이지 못한 공간이란 걸 반증하고 있는 거죠. 그 동안 수많은 학자들이 주장했던 '효율적 자본시장' 이란 가정을 비웃기라도 하듯이 말입니다.

벌컥 벌컥

우이쒸~
운도 지지리 없지.
아우~써
맥주로
할걸

선을 봐도 어찌된 게 만 나오냐?
이 외모에
능력에
뭐가
부족해서
…

욱!

우웨엑~
쫘아아

아따~ 이 아자씨가
동네 미화 다 망치고 있네
시방~
누구냐?

우리?
우리털은 흔들흔들
건들건들 ……

건달이여!

아 예~
안녕하세염..
방가
방가

아자씨가 시방 우리 나와바리에 빈대떡을 부쳐부렀네용 시방..
쪼까 청소비 좀 내셔야겠소

아이고 미안해서 어쩌나..지금은 땡전한푼 없는데.. 계좌번호라도 알려주면 나중에..

아따 이 아자씨가 시방 누구 인내력 테스트 하실라 한당가 시방...
우두둑

아 그러고 보니 지갑에 차비 몇 푼 있는 것도 같은데..헤헤
뒤적 뒤적

달랑 만원? 아따 재섭게도 그지 아자씨가 걸려들었네 시방..
후딱 가쇼..

에잉 재섭서
살펴가십쇼 행님들!

ㅋㅋ~ 이건 몰랐을 거다 요놈들아. 이것을 바로 포트폴리오 투자라고 하는 것이쥐.
무식한 깡패놈덜

갑자기 돈 향기가..
킁킁

거기 기둘려 부러 시방.. 계속 도망가다 잽히면 죽음이랑께.
난 왜 맨날 당하는 역할로만 나온다냐.. ㅠ.ㅠ

위험과 포트폴리오 투자

‘**포**트폴리오(portfolio)’란 원래 서류가방이나 자료를 수집해 놓은 철을 뜻합니다. 그런데 이게 투자와 관련된 용어로 사용되면서 ‘위험을 줄이기 위해 여러 가지 투자처에다 분산투자를 하는 행위’라는 의미로 변하게 되었죠.

원래 주식투자란 게 투자수익을 얻을 수 있다는 달콤함이 있는 반면, 자칫 잘못하면 원금을 까먹을 수 있는 위험이 도사리고 있는 야누스의 얼굴을 하고 있습니다. 따라서 예전부터 사람들은 어떻게 하면 주식투자에서의 위험을 줄일 수 있을지에 대해 많은 연구를 했답니다.

그러다가 위험에는 두 가지 종류가 있다는 사실을 발견했는데요. 우리가 아무리 노력해도 회피할 수 없는 위험인 ‘체계적 위험(systematic risk)’, 즉 시장위험과 우리가 노력하면 회피할 수 있는 위험인 ‘비체계적 위험(unsystematic risk)’이 바로 그것입니다.

체계적 위험이란 경기침체나 유가 급등 등 증권시장 전체에 영향을 미치는 커다란 위험인데요. 이러한 것들은 투자자가 아무리 피하려고 애를 써도 피할 수 없는 위험인 것이죠. 마치 천재지변과 같이 말입니다.

반면, 비체계적 위험이란 해당 기업의 파업이나 판매 부진 등 기업의 특수한 사정 때문에 발생하는 위험이죠. 그런데 사람들은 이러한 비체계적 위험의 경우 투자자가 다양한 기업의 주식에 투자하는 방법으로 회피할 수 있

다는 사실을 알아냈습니다. 따라서 이러한 투자방식을 분산투자 또는 포트폴리오 투자라고 하는 거죠.

예를 들어 우산을 만드는 기업에만 투자를 했을 경우 비가 계속 오면 우산기업의 실적이 좋아져 큰 수익을 볼 수 있지만, 날이 쨍쨍할 경우에는 투자 손실을 볼 게 뻔합니다. 따라서 우산기업 투자자들은 항상 날씨 변화에 대한 위험에 노출되어 있는 셈이죠. 이럴 때 선글라스를 만드는 기업에다 반 정도를 나눠 투자해 두면 날이 쨍쨍할 때는 선글라스기업으로 돈을 벌고 비가 올 때는 우산기업으로 돈을 벌 수 있기 때문에 날씨로 인해 생기는 위험을 피할 수 있다는 것입니다.

이러한 포트폴리오 투자는 지금도 많은 투자자들이 애용하는 투자방법인데요. 특히 상당히 많은 자금으로 주식투자를 하는 기관투자자들에겐 필수적인 것이라 할 수 있답니다. 따라서 주식투자에서는 이런 격언이 예전부터 전해져 내려오고 있죠.

'계란은 한 바구니에 담지 말라.'

언제나 몰빵은 위험한 것이니까요.

너!
백수렷다?

예?.. 아 예예

고로 언제쯤 백수 신셀
면할까 알고 싶어서
온 것일테고..
예..
그렇죠 모
우쓰~
몇 번을
얘기
하는
거여..

보자...
갑을병정에..자축인묘하니
아사라비하 골로모비하..

오! 보인다..보여.
장차 큰 그릇이 되겠구나..
올커니..
타라라라라락

그게 무슨
말씀이신지..
예감은
좋은데

대기만성이라 했거늘..
심신을 연마하며
쭈~욱 기다리면,
반드시 좋은 일 생길거라
이 말씀!!
무슨 그딴 ...

이 부적을 취직할 때까지
꼭 붙이고 다니그라..
취직
부르르..

다음은..

주가의 방향을 알고 싶으시다?
예 그냥 살짝 대충..

이런 고얀!
쾅

도사님 ..갑자기 왜 그러..세요?

내가 왜 이런 점쟁이 노릇을 하고 있는 줄 아냐?

바로 주식투자 하다 쫄딱 망했기 때문이여 흑~ 흑.
아픈 과거여..
휙

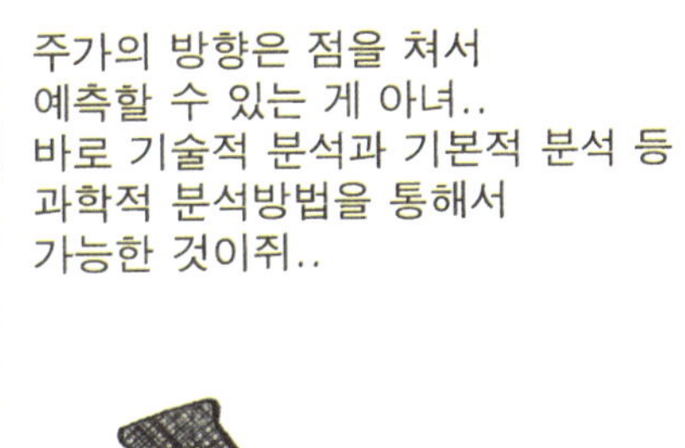

주가의 방향은 점을 쳐서 예측할 수 있는 게 아녀.. 바로 기술적 분석과 기본적 분석 등 과학적 분석방법을 통해서 가능한 것이쥐..

쉬 모냐? 다 아는 얘기를.. 그게 힘드니까 점치러 온 거 아니냐고..
첫..가요!
취직

그래도 복채는 쫌 내놓고 가시지 그래..
울먹 울먹

인심썼다! 그게 비싼거여유~
복채

주가의 방향을 알아맞히는 방법

종 영화나 드라마를 보면 내일신문이란 게 배달되어 하루 앞날의 주식시세를 알게 된 주인공이 큰돈을 벌게 된다는 이야기가 나옵니다. 그야말로 멋진 상상이 아닐 수 없습니다. 앞으로의 주가 향방을 알 수만 있다면, 상당히 위험한 재테크 중 하나인 주식투자가 식은 죽 먹기로 변하게 되니까요.

현실 세계에서 내일신문은 존재하지 않지만 그 동안 사람들은 미래의 주가 향방을 예측하기 위해 상당히 많은 방법을 고안해 냈습니다. 이러한 주가 분석 방법은 크게 '기술적 분석(technical analysis)'과 '기본적 분석(fundamental analysis)' 두 가지로 나누어볼 수 있습니다.

'기술적 분석'이란 주가와 거래량이 과거에 변동했던 모습을 보고 미래의 주가를 예측하는 분석방법입니다. 주로 이동평균선이나 봉차트 등 주가 그래프를 보고 분석하는 거죠. 과거 수 차례 주가 그래프가 이러한 모습을 보이면 주가가 올랐기 때문에 지금도 오를 것이라는 게 기술적 분석의 기본 개념입니다.

예를 들면 주가 그래프의 단기 이동평균선이 장기 이동평균선 밑에서 위로 뚫고 올라가기 시작하면 앞으로도 주가는 계속 오른다는 것입니다. 주가 변화는 반복하는 속성이 있기 때문에 이러한 분석이 설득력이 있다는 것이죠.

기술적 분석은 과거의 자료를 토대로 미래의 주가를 예측하는 방법입니다. 기본적 분석의 한계점을 보완해 주기도 하지만 언제든지 틀릴 수 있는 가능성을 가지고 있으며, 해석하는 사람마다 그 결과가 다를 수 있습니다. 그러므로 기술적 분석만을 맹신하면 커다란 자기오류에 빠지는 결과가 생길 수 있습니다. 기술적 분석이 제시하는 것은 그렇게 될 가능성이 높다는 것이지 법칙을 말해 주는 것이 아니라는 점을 염두에 두어야 합니다.

'기술적 분석'은 전통적인 주가 분석방법으로 활용되고 있습니다. 하지만 과거의 주가 자료만으로 미래를 예측한다는 건 어디까지나 한계가 있습니다. 사주(四柱)를 볼 때도 과거는 그런 대로 맞추지만 미래는 알아맞히기 쉽지 않은 것처럼 말입니다. 미래는 항상 예기치 못한 변수가 존재하기 때문이죠.

이러한 문제점을 보완하기 위해 나타난 분석방법이 바로 '기본적 분석'입니다. 이 방법은 주식의 본질적인 가치를 분석하고 이를 현재의 주가와 비교해서 미래의 주가를 예측하는 방법입니다.

주가에 영향을 미치는 경기, 금리, 환율 변화 등 경제요인을 분석하고 해당 회사가 속한 산업을 분석하고, 해당 회사의 재무구조, 미래의 수익성 등을 분석하여 실제 해당 회사 주식의 가치를 구하는 것이죠. 지금 아무리 주가가 높거나 낮더라도 결국은 자신의 실제 가치대로 주가는 돌아간다는 사필귀정(事必歸正)의 논리를 그 저변에 깔고 있는 거죠. 하지만 '기본적 분석'의 경우 주식의 본질적 가치를 정확히 구해내기가 쉽지 않다는 단점이 있습니다.

따라서 주가 변화를 예측하여 투자의사 결정을 내릴 때는 '기술적 분석'과 '기본적 분석' 두 가지 방법을 서로 보완해 가며 적절히 이용할 필요가 있습니다.

지글 지글~

쭈—욱

우쒸~
세상살이가 왜 이리
힘드냐?
따닥

그래 얘기해 봐라.
오늘은 들어주마.
니가 사는 거니까..

그래 속 시원히
다 말해봐.
우린 친구 아이가~
삼겹살
더
시킬까?
우걱
우걱

니들이 지금 먹는 술과 고기,
그것은 바로 내 피와 땀의
결실인 것이다.
울먹

오늘 내가 놀이동산 알바를
뛰지 않았겠나

흑흑.. 근데 이건 놀이동산이 아니라, 한마디로
아비규환 그 자체였던 거여.
으~ 초딩들 아직도 치가 떨려..
드롭킥
똥개
똥침!
콱

그런 온갖 고초 끝에
내게 남겨진 건
하루일당 5만원..
어무이

그려 고생했다.
담엔 좀 센 알바
뛰어서 비싼 거
먹음 되지.
붐~
그런 얘기가
아니잖아...
아줌마
여기 소주 3병
더유!

저 취기에, 마신 소주병까지
감안하면 앞으로도 계속
마실 듯 한데...
사노라면
언젠가는~
자 마셔
마셔

죄다 잔뜩 취해서
뭔 일 나는 거 아녀?
에라이
먹다죽자
시끌
시끌

조~용
?

내이럴줄 알았다고.
아~ 일어나
계산하고 집에가서
자빠져 자!
드르렁
마셔
마셔
쿨

이 참에
요놈들 버릇을
콱!

72

주가와 거래량

아이가 장난을 치다가 거실에 있는 꽃병을 깼습니다. 이를 본 엄마가 아이에게 무슨 말을 했을까요?

"잘한다, 잘해!"

분명 아이는 잘못을 했는데, 엄마는 아이를 꾸짖으며 "잘한다"고 말합니다. 하지만 한국 사람이라면 이 말을 듣고도 전혀 의아하게 생각하지 않습니다. 왜냐하면 우리는 이 말이 진짜 잘했다는 칭찬의 의미인지 아니면, 무언가 잘못했을 때 꾸짖음의 의미인지를 쉽게 구분할 수 있기 때문입니다. 이 말을 할 때의 억양이나 표정을 보면 금방 알 수 있으니까요.

이렇듯 같은 표현일지라도 그 주변의 다른 요소를 고려해 보면 전혀 다른 의미를 내포하고 있는 것들이 많습니다. 주식투자를 할 때도 마찬가지인데요. 주가가 오르고 있을 때 사람들은 주가가 계속 오를 것이라고 생각하기 쉽습니다. 하지만 주가는 오르다가도 언제 그 추세가 꺾여 하락할지 그 누구도 모르는 것입니다. 이럴 때 다른 요소를 고려해 보면 비교적 신빙성 있는 정보를 얻을 수 있습니다.

그 중 한 요소가 바로 '거래량'입니다. 주식시장에 투자하는 사람이 늘어나면 당연히 거래량이 늘어납니다. 이러한 거래량의 변화가 동반되는 주가의 변화는 상당한 의미를 가집니다.

예를 들어 주가가 오르기 시작하면서 거래량도 증가한다면 앞으로 주가가 계속 상승할 여력이 있다고 보면 됩니다. 왜냐하면 주가가 오르는데도 거래량이 증가한다는 것은 많은 사람들이 투자를 계속하고 있다는 것을 의미하므로 이는 많은 투자자들이 주가가 더 오를 것이라고 믿고 있다는 증거이기 때문입니다.

반면, 주가는 계속 오르는데 거래량은 오히려 줄고 있다면 조만간 주가가 꺾일 것이라고 보면 됩니다. 왜냐하면 지금 당장은 주가가 오르고 있지만 많은 사람들이 거래를 줄여나가고 있는 현상은 이미 주가가 많이 올라서 사람들이 이를 부담스러워한다는 의미이기 때문입니다.

또한 주가가 내려가는데도 거래량이 증가하는 추세라면 주가는 바닥을 치고 있다는 의미이므로 곧 주가가 상승할 것이라고 봐도 좋을 것입니다.

이렇듯 같은 현상이라도 주변의 요소를 함께 고려해 본다면 그 본래의 의미를 좀더 잘 알 수 있습니다. 물론, 주가와 거래량의 관계가 앞서 설명한 대로 무조건 그렇게 되는 건 아닙니다. 주가에는 상당히 많은 변수들과 고려 요소들이 존재하기 때문인데요. 하지만 주식 그래프를 볼 때 주가가 오르고 내리는 것만 보지 말고 항상 거래량의 증감 여부를 함께 살펴본다면 현명한 투자 판단에 도움이 될 것입니다.

딸꾹…

새벽까지 주막에서
퍼마셨더니 몹시
피곤하군.
한숨 자볼까나..

퍽

쉬..머..뭐냐 이거..
죽을 뻔 했잖아..
웬
편지?

잠깐 읍내에
다녀올테니
창고에 있는 고추
바싹 말려놔라.
꾀 부리면
죽음이다 _쏘_
P.S: 개구리 울음소리
신경써서 들을 것!
개구리 울면
꼭 비오더라.
이상!

• • • •
꾸깃

아이고~
현기증 나..
낑낑

휴~ 다 널었다.
별거 아니네.
좀 쉬자.

개굴 개굴 개구 ~ㄹ

!

큰일이다. 비오기 전에
다시 걸어야 하는디...
옴마야~

쨍쨍
뭐냐...

난 그냥 발성 연습한 것
뿐인데.. 왜?
맘대로 울지도 못하나?

쒸~
우라질레이션..

개굴개굴~
이번엔 진짜야!
필이 팍 왔다니깐!!

어우야~
환장할노믹스..
죽어라 죽어라 하는구먼
........??!!!

쨍쨍
뭐-가끔은
틀릴 때도
없는거 아녀?

73

골든 크로스(golden cross)

"개 구리가 크게 울어대면 비가 온다." 과학적으로 근거가 있는지 없는지 모르겠지만, 예전부터 내려오던 민간의 일기예보였습니다. 그리고 그 적중률도 상당히 높습니다. 이렇듯 우리는 오랜 시간 동안의 경험을 통해 어떤 현상에서 미래를 예측하는 방법을 배우곤 합니다.

주식투자에서도 이렇듯 과거의 경험에 비추어 미래를 예측하는 분석방법이 널리 사용되고 있는데, 그게 바로 기술적 분석입니다. 주가 그래프상에서 단기이동평균선이 장기이동평균선을 밑에서 위로 치고 올라가면 이를 본격적인 주가상승의 신호탄으로 봅니다. 이런 저런 이유를 대면서 그 근거를 설명할 수도 있지만, 무엇보다 과거에도 그런 현상이 발생하면 대부분 주가가 올랐기 때문에 그렇게 보는 것입니다.

'이동평균선' 이란 주가의 기간별 평균을 선으로 연결한 것입니다. 5일 이동평균선은 1일부터 5일까지의 주가 평균값과 2일부터 6일까지의 주가 평균값, 3일부터 7일까지의 주가 평균값… 이런 식으로 평균값을 계속 구해서 이를 선으로 연결한 것이죠. 그럼 자연스럽게 10일 이동평균선, 20일, 60일, 120일 이동평균선도 구할 수 있겠죠. 그리하여 5일, 10일짜리는 단기이동평균선이 되고 60일, 120일짜리는 상대적으로 장기이동평균선이 되겠죠.

주가는 오르락내리락 그야말로 갈지(之)자로 움직여 그 방향성을 알기가 어렵습니다(랜덤워크 가설 : random-walk hypothesis). 하지만 평균값을 구해서 연결해 보면 어느 정도의 추세를 가늠할 수 있답니다. 여기서 단기이동평균선이 장기이동평균선을 치고 올라가는 도중에 만나게 되는 접점을 특히 '골든 크로스' 라고 합니다. 아무래도 주가가 상승하는 신호탄이다 보니 '골든' 이라는 칭호를 붙여줬나 봅니다. 반대로 단기이동평균선이 장기이동평균선을 위로부터 아래로 급속히 돌파하는 현상을 '데드 크로스(dead cross)' 라 하여 주가하락의 신호탄으로 여깁니다.

옛날 우리 선조들은 농사를 짓다가 난데없이 개구리가 엄청 울어대는 걸 들으면 곧 비가 올 것이라며 여러 가지 대비를 했습니다. 그리고 대부분의 경우 실제 비가 왔습니다. 이와 마찬가지로 주가 그래프상에 골든 크로스가 생기면 주가상승의 조짐인 만큼 투자에 대한 준비를 할 필요가 있겠죠. 하지만 경험에 의한 미래예측이 반드시 맞아 떨어지는 것은 아닙니다. 따라서 골든 크로스나 데드 크로스만 철석같이 믿고 극단적인 주식투자를 해서는 안 되겠죠. 주식투자가 수학공식이 아닌 이상 그거야 두 말 하면 잔소리겠죠.

사과 사려~ 어.
강호동 주먹 만한 게 단돈 천원.

우리 껀 강호동 얼굴 만한 게 고작 천원!

어섭쇼!

싸고 품질 좋은 푸사 사세요~ 오.
더 싸고 더 품질 좋은 쿡광 사세요.

이게 정말..
내가 몰

척

시방 모하는 거래유?

현재 사과값을 한 개당 순이익으로 나누는 중예요.
더 싼걸 사야쥐.
뾱 뾱

수치 나왔슈?
우리 사과가 더 싸쥬?

사과수익비율 만으론
정확한 수치를 구하는데
한계가 있죠.

이번엔…
크기측정!
쨘

· · · · ·

마지막 단계..
당도 측정!
우걱

벌써 10개째..
과연 결과는…?

음 ..유감스럽게도
내가 찾던 그런
사과가 아니군.
그럼 난 이만…
휙

· · · !

먹은 거 다 토해내기 전엔
못갈 줄 알어!!
우웩

주가를 분석하는 데 사용하는 지표 : PER

흔히 주식투자에 성공하기 위해서는 쌀 때 사서 비쌀 때 팔라고 합니다. 말은 이렇게 쉬운데 실제로 현재의 주가가 싼지 비싼지 가늠하기란 쉽지가 않습니다. 잘나가는 삼성전자의 현재 주가가 5만 원이라고 해서 비싸다고 또는 부도 일보 직전의 회사가 하한가를 맞아 고작 1,000원을 한다고 해서 그 주가가 싸다고 할 수 있겠습니까?

이럴 때는 회사의 이익과 현재의 주가를 비교해 보면 해당 회사의 주가가 싼지 비싼지를 어느 정도 가늠할 수 있는데요. 이를 나타내는 지표를 '주가수익비율', 즉 'PER(Price Earning Ratio)'라고 합니다.

예를 들어 A회사는 1주당 순이익(EPS)이 1,000원인데 주가가 1만 원이라면 'PER'는 10배(주가 1만 원÷1주당 순이익 1,000원)가 됩니다. 반면 B회사는 순이익이 2,000원인데 주가가 1만 원이면 PER는 5배(주가 1만 원÷1주당 순이익 2,000원)가 되죠. 다시 말해 주가는 같은 1만원인데, B회사의 PER가 더 낮으므로 A회사보다 싸다고 볼 수 있습니다. 따라서 주식을 사려거든 B회사를 사는 게 현명한 투자가 되겠죠.

물론 회사의 이익이 모든 걸 설명해 주는 건 아니죠. 특히 적자인 기업은 이익이 마이너스(-)라서 PER 값을 구하는 데 한계가 있습니다. 따라서 이를 보완하기 위해 PER와 이웃사촌인 다양한 지표들이 생겨났는데요. 그 중 하나가 이익보다 변동이 심하지 않는 매출을 기준으로 하는 'PSR(Price Sales

Ratio: 주가매출액비율)' 입니다. '주가÷1주당 매출액' 으로 계산하죠. 아직은 이익을 내지 못하는 인터넷 벤처기업 등에 많이 적용합니다.

회사는 매출과 이익만이 중요한 게 아니죠. 아무리 매출과 이익이 많더라도 그 돈이 모두 외상매출금이라면, 그래서 실제 회사로 들어오는 돈이 한 푼도 없다면 흑자부도가 나버립니다. 따라서 회사의 실제 현금흐름을 기준으로 하는 'PCR(Price Cash-flow Ratio: 주가현금흐름비율 → 주가÷1주당 현금흐름)' 라는 지표도 있답니다.

또한 회사가 매출도 시원찮고 적자 투성이일지라도 그 회사가 가지고 있는 땅이며, 건물이 엄청난 가치를 가지고 있다면 이 역시 회사의 가치로 인정받을 수 있겠죠. 그래서 회사가 가지고 있는 자산을 기준으로 하는 'PBR(Price Book-value Ratio: 주가순자산가치비율 → 주가÷1주당 순자산가액)' 라는 지표도 사용하고 있습니다.

그럼 이들 중에서 어떤 게 가장 좋은 지표일까요? 물론 이것은 어리석은 질문이 아닐 수 없습니다. 주가를 분석하는 데 각각의 지표들은 제 나름대로의 역할을 하기 때문입니다. PER뿐만 아니라 PSR, PCR, PBR 등 여러 지표를 다양하게 활용해야 좀더 정확하게 주가 수준을 파악할 수 있답니다.

각 회사별로 이러한 지표 값은 인터넷 증권정보 사이트나 홈트레이딩 시스템을 이용하면 쉽게 얻을 수 있으므로 동종 업종에 있는 회사들의 PER 값을 비교·분석해 투자의사 결정에 참조하면 됩니다.

160

●‥●‥●

外路臥道 術佈道
외로와도 술포도
羅亂 安亐魚.
나난 안울어.

어여 가자.
이 꿀꿀아~

느림 곰탱이
같으니라구
아 왜 때려!
떡

이보게 젊은이
어딜 가는 길인고?

요놈 팔러
장에 가는 길인디요..
뭐여..
나이차도
별로 안나
뵈는구먼
원 노친네
시늉..

예사롭지 않은 젊은이 같아서
걸음을 멈추게 했네.
혹 그 돼지 판 돈
내게 투자할 생각 없는가?
허어

내가 아저씨
뭘 믿고 투자하남유?

훗~ 내 입으로 내 자랑하긴
뭣하지만~
사실 난 서당시절 천자문,
알파벳, 산수정석을
줄줄 외웠던
수재중의 수재..

이런 천재인 내가 새 사업을
구상중이니...
어찌 감탄치 않으리오.
어긔야 어강됴리
아으 다롱디리~

설계도 거의 완성단계.
전국을 줄로 묶는 비상연락체계!
이름하야 ...
나삼식 내트옥
(net-work)
어때
놀랍지?
새끼줄
촤악
전봇대

헌데 이 세상은
나를 너무도 저평가 하고 있으니
어찌 통탄치 않으리오..

근데 그 사업에
투자하면 수익금은
언제 돌려받남유?

워낙 가치투자인데다
방대한 사업이다보니...
자네 자식이나
손주 때쯤엔 아마도...

물어 쉬쉬
넌 돼지야.
정체성을 가지라구!!
으르릉

가치투자?
계란은 한 바구니에 담아라

"**계**란은 한 바구니에 담지 마라." 이 말은 위험을 줄이기 위해 여러 종목에 나누어 투자하라는 '포트폴리오 투자'를 단적으로 표현한 거라고 앞서 설명했습니다. 하지만 며느리도 모른다는 주식투자에 이러한 한 가지 방법만이 정석이라고 할 수는 없겠죠.

세계적으로 가장존경 받는 투자자 중 한 사람인 미국의 워렌 버핏(Warren Buffett)의 경우, 오히려 "계란을 한 바구니에 담아라. 그리고 그 바구니를 집중해서 관찰하라"고 말합니다.

그는 자신이 잘 모르는 주식에는 거의 투자하지 않으며 오히려 코카콜라 주식과 같이 잘 아는 종목에만 집중적으로 투자하는 것으로 유명합니다. 1990년대 말, 닷컴 열풍이 한창이던 시기에도 워렌 버핏은 아마존닷컴 같은 인터넷 닷컴기업에는 전혀 투자하지 않고 여전히 자신이 잘 아는 전통적인 산업에만 투자를 했죠. 그러자 대다수의 사람들은 "이젠 워렌 버핏의 감각도 한물갔다. 그는 다가오는 신경제를 이해하지 못하고 있다"라며 비아냥거렸다고 합니다. 하지만 닷컴 거품이 꺼지자 승리는 워렌 버핏에게로 돌아갔죠.

이러한 워렌 버핏은 '가치투자'의 달인으로 불립니다. '가치투자'란 매출, 순익, 자산, 배당 등 기업가치와 관련된 숫자들은 계속해서 좋아지는 데 반해, 시장에서 낮게 평가되어 있는 회사를 발굴하여 여기에 집중적으로 투자하는 방법을 말합니다. 따라서 제대로 된 종목을 한번 발굴하면 자주 매매하는 게 아니라 그 주식이 빛을 발할 때까지 상당히 오랜 기간 보유하는 것이죠.

또한 워렌 버핏은 투자자들이 범하기 쉬운 실수로 다음과 같은 세 가지를 꼽고 있습니다.

첫째, 투자자들이 거래를 남발하고 있다. 다시 말해 주식을 사고파는 횟수가 필요 이상으로 많다.

둘째, 해당 종목에 대한 철저한 조사보다는 루머와 유행을 좇아 투자판단을 내린다.

셋째, 매도의 적기를 놓친다. 따라서 대부분이 주가가 하락한 이후에야 주식을 처분하고 있다.

이러한 그의 이야기는 주식투자를 함에 있어 한번쯤 새겨봐야 할 금과옥조라 할 수 있겠습니다. 자신의 알토란 같은 돈을 투자하면서 해당 종목이 얼마의 가치를 가지고 있는지 한번 따져보기는 했는지 스스로 반성해 볼 필요가 있을 겁니다. 과연 합리적인 목표가격을 정하고 투자에 임하고 있는지, 그리고 그 가격에 도달할 때까지 느긋하게 기다릴 자신이 있는지에 대해서도 한번쯤 생각해 볼 필요가 있습니다.

야 뚱땡아.
왜 시무룩하게
앉아있냐?

핸펀 요금 이십만원 넘게
나왔다고 ..우이 쒸..
엄마한테 쫓겨났지 뭐냐..

쫓겨나도 싸네 모.
백수 주제에 뭔 통화료가
20만원 넘게 나왔을고?
친구란
놈이...

며칠전에 전화 한통을
받았는데..
웬 여자가 하도 외롭다고
하소연 하길래
한시간 정도 진지한
상담을 해줬더니만 글쎄..

하아
하아
하아
하아
진지한 상담
좋아하시네..
안봐도
비디오다.

이 참에 확 팔아 버릴까?

야 잘됐다.
그렇지 않아도 핸펀 바꿀까
했었는데.. 나한테 팔어.
그러지 뭐. 이거 70만원대
최신형 아니콜인거 알지?
너니까 특별히 50만원에 주마.

30만원!
45만원!!

35만!
40만!! 더는 어림없다!

그래 40만. 그대신 니가 10만원 어치 술사는거다.
오케이!
웬지 손해본 듯한…

지금은 돈이 없으니까.. 담달 내 월급날 거래하기로 하자
좋아. 근데 그때 가서 싸니 비싸니 하면 안돼..

너나 담달에 안판다고 궁시렁대지 말..고.. 이야~ 저 아가씨 진짜 귀엽게 생겼다~

어디어디?
야
개똥
퍽

원만아~ 산다고 했으니까 끝까지 책임져야쥐~ 10만원에 줄게.. 아니 5만원!! 엉엉..
따라오지마 짜샤!
욱~디러.

주가지수 선물계약은
이미 우리에게 친숙한 계약이다

K 씨는 어렵사리 돈을 모아 내 집 장만을 하게 되었습니다. 그 동안 눈여겨봐 두었던 동네의 아파트가 마침 매물로 나왔다는 부동산 중개소의 연락을 받고 찾아가 집주인과 만났습니다. 집을 둘러보고 마음에 들어 집주인과 매매 계약을 체결하기로 했죠. 현재 시세에 맞춰 서로 최종적인 아파트 가격에 합의를 한 다음 계약금·중도금·잔금 지급일을 정했습니다. 잔금은 2개월 후에 지급하기로 했습니다. 집주인도 2개월 정도 지나야 다른 집으로 이사를 갈 수 있다고 하고, K씨 역시 마지막 적금이 2개월 후에 만기가 되니 서로 조건이 딱 맞았던 거죠. 계약서에 도장을 찍고 계약금을 지급하고 2개월이 지난 후 잔금까지 지급하고 K씨는 꿈에도 그리던 '내 집'을 마련하여 이사를 했답니다.

위의 이야기는 우리 서민들이 집을 매매하는 일반적인 계약 과정입니다. 너무나 당연하게 행했던 이 부동산 거래는 사실 우리가 그렇게 알쏭달쏭하게 여기고 있는 선물계약(futures contract)과 같은 것이라 보면 됩니다. 증권시장에서 일반 주식종목만큼이나 중요한 위치를 차지하는 '주가지수 선물계약'은 사실 알고 보면 별로 특별한 게 아닙니다. 위의 예화에서 K씨가 체결한 부동산 거래

주가지수 선물거래

주가지수 선물거래는 주식시장에서 매매되고 있는 전체 주식 또는 일부 주식의 가격 수준을 나타내는 주가지수를 대상으로 하는 선물거래를 말합니다. 주가지수 선물거래는 실체가 없는 주가지수를 거래대상으로 하기 때문에 결제시 실물을 주고받을 수 없으므로, 거래소가 사전에 정한 주가지수의 수치와 결제시점의 주가지수의 수치와의 차이에 의해 산출되는 금액을 수수하게 됩니다.

● 주가지수 선물의 거래단위＝선물지수×50만 원×계약수 * KOSPI 200주가지수 선물 60포인트에 3계약 매수했다면→60포인트×50만 원×3계약＝9,000만 원

주가지수 선물거래의 효과

① 시장에 대한 신속 대응 및 저렴한 투자비용
다량의 주식을 보유하고 있지 않더라도, 주가지수선물계약을 보유함으로써 주가지수의 움직임에 신속하게 대응할 수 있으며, 개별주식의 거래보다 투자비용이 저렴해 기동성 있는 투자가 가능합니다.

② 가격변동 위험 회피
주식거래만 할 경우 개별 주식의 가격변동 위험은 분산투자를 통해 어느 정도 회피할 수 있으나, 국내외 정치, 경제, 사회, 문화 등의 변화에 따른 시장 전체의 가격변동 위험에는 고스란히 노출될 수밖에 없습니다. 그러나 주식시장 전체의 가격수준을 나타내는 주가지수선물을 이용함으로써 시장 전체의 가격변동 위험에 효율적으로 대처할 수 있습니다.

③ 미래가격 발견기능
주가지수 선물가격은 시장 참여자들이 주식시장의 미래가격과 관련된 정보를 수집·분석·예측한 자료를 바탕으로 시장에서의 가격경쟁을 통해 합리적으로 결정됩니다. 따라서 투자자들은 미래 일정 시점의 주가지수 수준을 선물시장을 통해 발견할 수 있습니다.

에서 대상이 되는 물건이 아파트가 아닌 KOSPI 200과 같은 주가지수일 경우 그게 바로 주가지수 선물계약이 되는 거죠.

그럼 K씨와 집주인의 부동산 매매계약과 주가지수 선물계약이 어떻게 비슷한지 한번 알아보겠습니다.

'주가지수 선물계약'이란 현재 시점에서 현재 정해진 가격으로 미래 특정 시점의 주가지수를 사기로(또는 팔기로) 약속한 계약입니다. 따라서 미래 특정시점에서 주가지수가 오르거나 내리는 것과 상관없이 현재의 가격으로 반드시 사야 (팔아야) 하는 것이죠. 마치 K씨와 집주인이 현재 시점에서 계약

은 했지만, 2개월 후에 잔금을 치르고 집을 사기로(팔기로) 한 것과 마찬가지입니다. 여기서 부동산 거래를 부동산 중개소의 입회 하에 한 것처럼, 주가지수 선물거래는 증권사를 통해 '선물거래소'의 소개로 하게 되는 거죠.

물론, 2개월 후 집값이 내렸다면 K씨는 손해를 본 느낌일 겁니다. 그렇다고 하더라도 K씨는 현재 정한 가격으로 집을 사야만 합니다. 반대로 집값이 올랐을 경우 집주인은 아쉽지만 계약대로 집을 팔아야 하는 것이고요. 현재 시점에서 아파트 가격에 합의한 후 계약을 한 것이므로, 2개월 후 아파트 가격의 변화에 따라 둘 중에 한 사람은 손실을 보고 한 사람은 이득을 보지만 이미 체결한 계약이니 이행할 수밖에 없는 것입니다.

주가지수 선물계약도 마찬가지죠. 보통 주가지수 선물은 3 · 6 · 9 · 12월의 두번째 주 목요일에 만기가 돌아옵니다. 예를 들어 11월 현재 KOSPI 200지수가 60포인트인데 12월 만기에도 60포인트로 KOSPI 200을 사거나 팔 수 있는 선물계약이 있다고 해보죠. L씨는 12월이 되면 주가가 상승할 것이라고 예상하고 12월에 KOSPI 200지수를 60포인트에 살 수 있는 계약을 체결했습니다.

L씨의 예상대로 12월에 주가가 상승하여 KOSPI 200지수가 100포인트로 올랐다면, L씨는 선물계약대로 시장에서 KOSPI 200지수를 60포인트에 사서 이를 다시 시장에서 100포인트에 팔면 됩니다. 그럼 40포인트(100-60)를 앉아서 먹는 거죠.

여기서 주가지수 선물계약은 1포인트당 50만 원으로 정해져 있습니다. 만약 L씨가 이 선물계약을 총 10계약 체결했다면 2억 원(40포인트×50만 원×10계약)이라는 엄청난 돈을 벌겠죠. 물론, L씨와 반대로 12월에 선물을 60포인트에 팔겠다고 계약한 사람은 그만큼 손실을 보는 것이고요. 이런 방식으로 선물투자는 이익과 손실이 발생하는 것이죠.

아파트 가격의 변동 때문에 미리 체결한 부동산계약에서 이익과 손실

이 발생하는 것처럼 주가 변동으로 미리 체결한 선물계약에서 이익과 손실이 발생하는 것이니 서로 비슷한 거래라고 할 수 있겠죠. 다만, K씨의 부동산 계약은 아파트를 사는 게 주된 목적이고 어찌 하다 보니까 2개월 후 아파트 가격으로 각각 이익과 손실이 발생한 것이라면, 주가지수 선물계약은 주가지수를 사는 게 주된 목적이 아니라 가격변동을 미리 예측해서 이익을 보기 위해 투자를 하는 것이 다른 점이겠죠.

왕초보를 위한 한국형 금융 재테크

좋다. 일주일 후
이 자리에서 다시
결판 내자.
만원내기. 어때?

모 나쁠 건 없지..
그대신 난 니 점수 보고
할지 말지 결정할거여.
싫으면 관두고..

흥..비겁한 놈.
좋다. 명예회복을 위해서라도
기필코 이겨주마.

목숨을 건 특훈...(?)
헉헉
이얍
으가갸갸

〈그리고 일주일 후…〉
준비 많이 하셨나?
먼저 도전해 보시지.
3판2승제다.
첫판에 높은
점수 나오면
이 놈 안한다고
하겠지?
O.K

윽~또
150점..

난 기권할란다.
자 여기 만원!
팅

제발 하자.
만원 안받아도 돼
응? 응?
일주일 동안
고생만했다
…ㅋㅋ

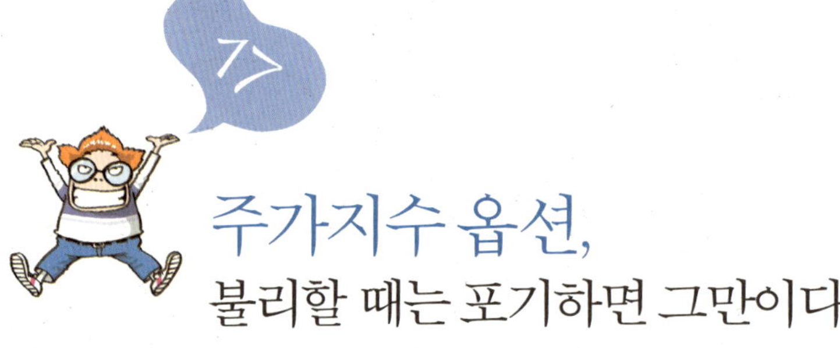

주가지수 옵션,
불리할 때는 포기하면 그만이다

사람들의 창의력은 참 대단한 것 같습니다. 날이 갈수록 새롭고 신기한 것들을 발명해 내니까 말입니다. 주가지수 선물이 나오고 나서 사람들은 더 재미있는(?) 금융상품을 개발했습니다. 그게 바로 '주가지수 옵션(options)'이란 거죠. 앞서도 설명했듯이 주가지수 선물이란 미래의 특정 시점이 되면 현재 정해진 가격으로 주가지수를 사야만(또는 팔아야만) 하는 계약입니다. 다시 말해 미래 특정 시점의 가격이 자신에게 불리할지라도 울며 겨자 먹기로 현재 정해진 가격에 계약을 이행해야 하는 거죠.

하지만 주가지수 옵션거래를 한 사람이라면 그럴 필요가 없습니다. '주가지수 옵션'이란 현재에 정한 가격(옵션의 행사가격)으로 미래 특정 시점에서 주가지수를 사거나 팔 수 있는 '권리'를 계약하는 것입니다. 여기서 권리를 가진다는 것에 주목할 필요가 있는데요. 다시 말해 미래 특정 시점에서 그 가격이 자신에게 유리하면 권리를 행사하면 되고, 반대로 자신에게 불리하면 권리를 포기하면 됩니다. 따라서 선물계약처럼 울며 겨자 먹기 식으로 계약을 이행할 필요가 없는 거죠.

주가지수 옵션에는 두 가지 종류가 있습니다. 다름 아닌 콜옵션(call options)과 풋옵션(put options)입니다.

주가지수 **옵션**은 권리 만료일에만 권리행사가 가능한 유럽형으로 발행됩니다. 이는 포트폴리오 관리와 시장관리 측면에서 유리하다고 생각되기 때문입니다. 미국의 경우에는 유럽형 이외에도 미국형으로 발행되는 주가지수 옵션이 많습니다.

주가지수 옵션거래는 선물과 마찬가지로 거래대상지수에다 일정한 승수(mulitiplier)를 곱한 금액을 거래단위로 하여 현금정산을 합니다. 현재 거래소에서는 주가지수 옵션거래를 위한 승수를 10만 원으로 정하고 있습니다. 주가지수 옵션은 선물보다 종목 수가 많은 점을 감안하여 매매단위를 선물보다 작게 정하고 있으며, 선물과의 연계를 쉽게 하기 위해 선물거래 승수의 5분의 1 수준으로 정하고 있습니다.

● **콜옵션** : 미래의 특정 시점에서 주가지수를 정해진 가격(옵션의 행사가격)으로 살 수 있는 권리.

예를 들어 행사가격이 70포인트인데 특정 시점에 가서 주가지수의 가격이 올라 100포인트가 되었다고 해보죠. 그럼 행사가격인 70포인트에 주가지수를 살 수 있는 콜옵션의 권리를 행사하는 거죠. 그런 다음 이를 시장에서 100포인트에 팔면 30포인트만큼의 수익을 올릴 수 있겠죠. 반대로 가격이 내려 50포인트가 되었다면 권리행사를 포기하면 그만입니다.

● **풋옵션** : 미래의 특정 시점에서 주가지수를 정해진 가격(옵션의 행사가격)으로 팔 수 있는 권리.

이 경우는 특정 시점에 가서 주가지수의 가격이 내려가면 시장에서 낮은 가격으로 주가지수를 사다가 행사가격으로 팔 수 있으니 이득을 볼 수 있답니다. 반대로 가격이 오르면 굳이 손실을 볼 필요없이 권리를 포기하면 되겠죠.

물론 옵션계약에서 권리를 포기하면 전혀 손실을 보지 않는 것은 아닙니다. 권리를 사기 위해서는 소정의 계약금을 내야 하기 때문이죠. 이를 '옵션가격' 또는 '옵션 프리미엄'이라고 합니다. 만약 어떤 옵션의 프리미엄이

5포인트라면 이 옵션을 사기 위해서는 5포인트를 지불해야 하므로 미래 시점에서 권리를 포기하게 되면 이미 지불한 5포인트만큼은 손실을 보게 되는 거죠. 주가지수 옵션은 1포인트당 10만 원으로 정해져 있습니다. 따라서 총 50만 원의 손실을 보게 됩니다.

좀더 상세한 이해를 돕기 위해 콜옵션을 기준으로 옵션의 손익이 어떻게 계산되는지 한번 살펴보죠. 예를 들어 행사가격이 100포인트인 콜옵션 10계약을 옵션 프리미엄 5포인트에 매수했다고 해보죠. 여기서 미래 특정 시점이 되어 주가지수가 150포인트로 올랐을 경우와 50포인트로 떨어졌을 경우를 비교하면 다음과 같습니다.

- **옵션 프리미엄**
  5포인트 × 10만 원 × 10계약 = 500만 원(지급)

- **주가지수 150포인트로 상승시 콜옵션 권리행사**
  (150-100)포인트 × 10만 원 × 10계약 = 5,000만 원(수익)
  ∴ 최종수익 → 5,000만 원 - 옵션 프리미엄(500만 원) = 4,500만 원

- **주가지수 50포인트로 하락시 콜옵션 권리포기**
  옵션 프리미엄만큼만 손실 = 500만 원

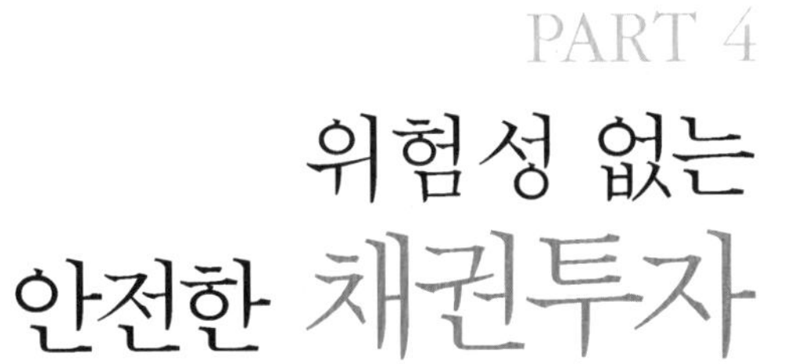

PART 4
위험성 없는
안전한 채권투자

번쩍

삐그덕

누...
누구세요?
헉

선배, 저예요.
원만이..

근데
웬일이냐?
이 새벽에
물에 빠진
생쥐꼴
하고는..
형! 돈 좀
꿔주세요.
진짜 급해요
털썩

어제가 내 월급날인걸 어떻게 알았지?
저 표정을 봐서는 진짜로 급하긴
한 것 같은데..
근데 어디 한두번 속았어야지..
울먹
울먹

좋다. 꿔주지.
대신 이 차용증서를
받아두겠다.

에이 선배,
우리 사이에
뭘 그런 걸..
쪼쪼하게...

얌마!
나만 이러는 줄 아냐.
정부기관, 기업체
다 이렇게
한다니깐.
돈
빌리러
온 주제에
악

에이!
정부기관이나 기업체도
이런 차용증서를 써주고
돈을 빌린다구요?

물론이쥐. 종류도 다양하다.
국공채
회사채
기업
銀
금융채
이를 다 총괄해서
'채권'이라고
부른다 이말씀.
등등...

알아들었으면
여기 필수사항을
기재하도록!
채권
원금:
만기일:
금리:
발행자
백원만

치사하게
이자까지..

근데 참,
그 급한 사정이란 게
뭐냐?
돈 안가져오면
죽음이다...
내기당구에서
그만...

너 거기
안 서냐
이쉐.-꺅

채권은 '차용증서'

우리는 경제신문에서 국공채, 회사채, 금융채 등 이른바 '채(債)라는 글자가 들어가는 단어들을 종종 접하게 됩니다. 이러한 것들을 통칭하여 '채권'이라고 하는데, 주식과 더불어 증권의 대표적인 종류의 하나죠. 사실 주식이야 직접 거래를 하는 사람들이 많으니 우리에게 익숙한 느낌이 들지만 채권은 왠지 일반인들에게는 거리감이 느껴지는 뭔가 대단한 것처럼 보입니다. 하지만 알고 보면 이러한 채권도 사실 아주 간단한 것입니다.

만약 여러분이 돈이 필요할 경우, 주위 사람에게 그냥 말로 "내일 갚아줄 테니 나 얼마만 꿔주라"하고 돈을 빌릴 수 있을 겁니다. 하지만 전혀 모르는 사람에게 돈을 빌릴 경우 그냥 말로만 돈을 빌릴 수 있을까요? 물론 힘들겠죠. 그래서 종이에다 '나 홍길동은 100원을 빌린다. 그리고 1달 후에 100원을 갚겠다. 또한 매주 10원씩 이자도 지불하겠다.' 뭐 이런 내용을 적어서 제시하겠죠. 그럼 돈 빌리기가 훨씬 수월해질 겁니다. 실제로 다수의 불특정한 사람들로부터 돈을 빌릴 때 정부기관이나 기업체 또는 금융기관이 이러한 종이를 만들어서 돈을 빌리는 것이죠. 이때 정부기관이 만든 종이가 국공채이고, 기업체가 만든 종이가 회사채이며, 금융기관이 만든 종이가 금융채입니다. 그리고

채권의 분류	
구분	**종류**
발행주체	국채, 지방채, 특수채, 금융채, 회사채
보증유무	보증채, 무보증채
이자 지급방법	이표채, 할인채, 복리채, 거치채
상환기간	단기채, 중기채, 장기채
원금상환방법	만기상환채, 분할상환채
표시통화	원화표시채, 외화표시채
모집방법	사모채, 공모채
발행가액	액면발행, 할인발행, 할증발행

이를 모두 총괄해서 '채권'이라고 부릅니다.

　앞에서 말씀드렸듯이 증권의 대표적인 양대 산맥은 채권과 주식입니다. 증권을 이루는 이 양대 산맥은 기업·금융 기관 등이 사업을 수행하기 위해서 필요한 돈을 어떻게 조달하느냐에 따라서 나뉘는 것이죠. 사실 사람들이 어떠한 회사에 돈을 대주고 그 과실을 먹고자 할 때는 두 가지 방법이 있죠. 첫번째는 좀 위험하더라도 그 회사에 사업자금으로 쓰라고 돈을 그냥 줘버리는 거죠. 물론 조건은 있습니다. 사업이 잘 되어 돈을 많이 벌면 수익을 나눠먹자는 조건이죠. 하지만 사업이 안 되면 돈은 몽땅 날리는 거죠. 두번째는 덜 위험한 방법인데, 회사가 사업을 하는 데 필요한 돈을 그냥 주는 게 아니라 빌려주는 방법이죠. 따라서 사업의 승패나 회사의 재정 상황에 관계없이 일정한 기간이 지나면 빌려준 돈을 받을 수 있답니다. 또한 빌려준 기간 동안에는 이자를 받게 되죠. 물론, 회사가 망하면 빌려준 돈을 받기는 힘들겠지만, 이것도 법적 절차를 밟아 어느 정도 조치를 취할 수는 있습니다.

　회사의 입장에서 보면 위의 방법 중 첫번째 방법으로 받은 돈을 '자기자본'이라고 하죠. 그리고 그러한 돈을 받는 대가로 회사가 지켜야 할 여러 가지 조건을 준수하겠다는 증서로써 '주식'을 발행해서 교부하는 거죠. 한편

180

발행 주체에 따른 채권의 분류	
국 채	국가가 재정정책의 일환으로 발행하는 채권 → 국민주택채권1종, 재정증권, 외국환 평형기금채권(외평채) 등
지방채	지방공공기관에서 발행하는 채권 → 도시철도공채, 지역개발공채, 도로공채 등
특수채	특별법에 의해 설립된 기관이 발행하는 채권 → 한국전력공사채권, 서울지하철공사채권, 가스공사채권 등
금융채	특별법에 설립된 금융기관이 발행하는 채권 →통화안정증권, 산업금융채 등
회사채	상법상의 주식회사가 발행하는 채권으로 매 3개월마다 채권이자 지급

두번째 방법으로 빌린 돈을 '타인자본', 즉 '부채' 라 하고 이때 그 증서로써 '채권'을 발행하는 겁니다.

다시 말해 채권은 여러 기업이나 기관들이 돈을 빌릴 때 만들어주는 일종의 '차용증서' 라고 할 수 있습니다. 또한 그 종류로는 정부기관에서 발행하는 국공채와 기업에서 발행하는 회사채, 그리고 금융기관 등에서 발행하는 금융채 등 수없이 많으며, 각각의 채권 종류에 따라 만기와 이자지급방식 등 조건도 다양하죠. 이러한 다양한 종류와 조건을 가진 채권에는 몇 가지 필수 사항을 기재하도록 되어 있습니다. 그래야 남에게 빌린 돈을 어떻게 갚을지 분명해지기 때문이죠.

먼저 갚을 돈의 액수죠. 보통 정부기관이나 기업체 등 큰 단체에서 빌리는 돈이므로 보통 50억, 100억 정도가 되는데, 이를 '액면금액' 또는 '원금' 이라고 합니다.

둘째로는 언제 갚을지를 기재해 두죠. 이를 '만기일' 이라고 하는데, 보통 회사채의 경우 3년 정도가 기본입니다.

셋째로 3년이라는 기간 동안 얼마의 이자를 주느냐 하는 이자율이 기재됩니다. 이를 '표면금리' 또는 '쿠폰금리(coupon rate)라 하는데, 이는 채권 뒷면에 붙어 있는 쿠폰을 하나씩 떼어내 은행에 가지고 가면 그에 해당하는 이자를 준다고 해서 유래된 말입니다. 일반적인 회사채의 경우 3개월에 한번씩 지급하는 게 일반적입니다.

그 외에도 이 채권을 발행한 정부기관이나 기업체 등의 이름과 도장이 찍혀 있겠죠. 아무튼 이런 식으로 채권이 구성되어 있답니다. 최근에는 채권을 발행하면 전산으로 기록만 하고 일일이 종이에 인쇄하지는 않습니다. 특히 채권을 사게 되면 분실의 위험이 있으므로 증권회사 등을 통해 '증권거래소'에 보관하고 자신의 계좌에 채권고유번호, 액면금액, 만기일 등의 기록을 남기기 때문에 굳이 실물을 발행할 필요가 없는 것입니다. 그래서 주식과 마찬가지로 채권도 아무리 거래를 많이 해도 실물을 직접 보기는 힘들답니다.

선배

선배!

질질

뭔 난리유?
한여름에 웬 바바리..
더위 먹었어요?
낙엽은
또 모냐?

그러는 넌
어디 가는 길이냐?
음…
답긴
답군

비디오 반납하려구요.
이거 무지 야하더라..홍홍.
반지하제왕
〈절대바지〉

그건 그렇고.
뭔 일 있어요?
꽤 심각한데..
내가 작년에 채권을
100만원에 샀는데
휴~ 금리가 올라서
속상해서 그런다.

채권이랑 금리랑
무슨 상관이
있대요?

또 강의를
해야 하는거냐?
말할 기운도
없는디…

내가 연5% 이자의 만기 3년짜리 채권을 100만원에 샀거덩...
채권

근데 글쎄 1년후 시중금리가 연10%가 되었다 이거야.
금리

이렇게 되면 나는 이 채권을 다른 사람에게 팔고 그 돈으로 딴 금융상품에 투자를 하는게 이득인데...
채권 사세요~오
훌쩍
채권

근데 누가 고작 연5%의 채권을 제값에 사려 하겠나?
됐슈

어쩔수 없이 원금 100만원보다 싸게 팔 수 밖에 없지 않겠나? 지금 상황이 그런거다.
원금아-

얼른 돈 모아서 장가도 가구, 집도 장만하구 해야 하는디..흑흑.

기운내요 선배..
고맙다

궂은일 지나면 좋은일 오겠지요. 저도 얼렁 취직해서 선배에게 조금이나마 도움을 줄 수 있게..

금리와 채권가격

금리가 폭등하기 시작하면 채권시장에서는 난리가 납니다. 채권가격이 폭락하기 때문입니다. 뭐든지 가격이 떨어지면 비쌀 때 사놓은 사람들은 낭패를 보게 마련이죠. 여기서 알 수 있듯이 '금리와 채권가격은 반비례관계' 라는 증권시장의 대명제가 있습니다. 다시 말해 시중의 금리가 오르면 채권가격이 떨어지게 된다는 이야기인데요. 이 둘 사이의 미묘한(?) 관계를, 예를 들어서 설명하겠습니다.

우선 채권이란 남에게 돈을 빌려주고 받은 차용증서가 시장에서 거래가 되도록 유가증권의 형태로 진화된 것입니다. 따라서 발행 당시에 만기가 되면 받게 될 원금과 그 동안의 이자가 확정되어 있는 상품이죠.

만약 A씨가 연5%의 이자를 받기로 확정된 만기 3년짜리 채권을 100만 원에 샀다고 해보죠. 그런데 1년 후 시중의 금리가 올라서 연10%가 되었다면 어떻게 될까요? 이 경우 다른 금융상품에 투자하면 연10%의 이자를 받을 수 있는데, 현재 가지고 있는 채권으로는 연5%의 이자밖에 받을 수 없게 됩니다. 이렇게 되면 A씨는 이 채권을 다른 사람에게 팔고 그 돈으로 다른 금융상품에 투자하려고 하겠죠. 하지만 고작 연5%의 이자밖에 주지 않는 채권을 누가 제값에 사려고 하겠습니까? 따라서 A씨는 어쩔 수 없이 원금 100만 원보다 싼 90만 원 정도에 이 채권을 팔게 되겠죠.

반대로 1년 후 금리가 연2%로 떨어졌다고 해보죠. 그럼 당초 연5%의 이

자를 주기로 한 채권을 소유한 A씨의 경우 시중의 연2%보다 높은 이자를 받게 되니 훨씬 많은 이득을 보게 됩니다. 사정이 이쯤 되면, 이번엔 주위 사람들이 이 채권을 서로 사려고 하겠죠. 그럼 A씨는 100만 원보다 비싼 150만 원을 준다고 해도 이 채권을 겨우 팔까 말까 할 겁니다.

이렇듯 5%에서 10%로 금리가 오르면 채권은 싸게 팔려 채권가격은 내려갈 것이고 반대로 금리가 2%로 떨어지면 채권은 비싸게 팔려 채권가격이 올라가게 되는 거죠. 결국 시중의 금리와 채권가격은 반비례 관계를 가지게 되는 거죠.

그럼 '직접적으로 채권투자를 하지 않는 우리 같은 일반인이 금리와 채권가격의 반비례 관계를 굳이 알아서 무엇에 쓸까요?' 라고 생각하는 사람도 있을 겁니다. 하지만 이런 금융상식은 다 알아둘 필요가 있습니다. 우리가 흔히 가입하는 펀드 상품에는 채권에 주로 투자하는 채권형 펀드란 게 있습니다. 만약 채권형 펀드에 가입해 두었는데 신문에서 채권금리가 급등할 조짐이라는 기사를 보게 되면, '그럼 채권가격은 떨어지겠구나. 빨리 채권형 펀드에서 돈을 빼야 겠는데' 라는 의사결정을 할 수 있기 때문이죠. 아는 것이 힘이란 사실을 다시 한번 실감하게 되는 상황이 아닐 수 없습니다!

빡

모하는 거여?
간만에 니가 밥 사준다길래
웬일인가 했더니 역시나..
아~
시간
끌기
하냐

우쒸 그게 아니라..
자장면도 먹고 싶고,
짬뽕도 먹고 싶고
고민중이란 말예요.

고민할 것도 참 많다.
니 인생을 위해서나
치열하게 고민해 보시지..

치~ 먹는 것도 인생의
한 부분이라 이 말씀!

하여간에 댓글질은
청산유수예요.
욱!
코파던
손으로..
퉤퉤

하긴 어느 한쪽만이 아닌
다른쪽의 장점도 함께
누리고 싶은 게 사람의
기본적 심리겠지..
유가증권에도 이러한
심리가 작용하는 게
있는데..

저.. 손님
주문.. 흡!
지금 중요한
담화중인 거
안보이시오?
웨이트 어
모몬트

이어서..
즉, 위험은 있지만 한방으로 큰돈을 만질 수 있는 주식과, 큰돈은 벌 수 없지만 안정적인 이자수익을 기대할 수 있는 채권의 장점을 함께 가지고 있는 금융상품이 있단다.
퉤

그런것 중에 하나가 바로 전환사챈데, 요건 보통 때는 채권으로 가지고 있으면서 이자를 받다가 해당회사의 주가가 오르면 주식으로 전환, 시세차익을 얻을 수 있는 금융상품 되겠다.
전환사채(CB)

주가
요렇게 되면요?

그럴 경우엔 굳이 주식으로 바꾸지 않고 그냥 채권으로 가지고 있으면서 이자만 받으면 되는거쥐.
채권
이자

오호라~ 그야말로 주식과 채권의 이점을 동시에 맛보는 거네요.
주식
채권

아줌마~ 아 여기 주문이요.
말이 길어졌군…

우리쌀람 열받았다해
수다를 한시간씩이나..

저..저희 짬짜면 주세요. 혹시 군만두는 써비스로..?

돈 굳었다 ―
중화요리 진짜루
안 팔앗!

전환사채,
너 주식이냐? 채권이냐?

김 승우, 진희경 주연의 〈신장개업〉이라는 영화를 보면 자장면과 짬뽕 사이에서 무엇을 시킬지 고민하는 장면이 나옵니다. 우리가 이 장면에 공감이 가는 이유는 한번쯤은 이런 고민을 경험해 본 적이 있기 때문일 겁니다.

자장면을 시키면 짬뽕이 먹음직스럽게 보이고, 짬뽕을 시키면 자장면이 먹고 싶은 그런 경험 말이죠. 이러한 점에 착안하여 중국집에서 선보인 음식이 바로 '짬짜면'입니다. 자장면과 짬뽕을 한꺼번에 맛볼 수 있도록 말이죠.

비단 중국음식뿐만이 아닙니다. 어느 한쪽에만 만족하지 않고 다른 쪽의 장점도 함께 향유를 하고 싶은 게 어쩌면 사람의 기본적인 심리인지도 모릅니다.

유가증권에도 그러한 사람들의 심리가 작용하고 있습니다. 중국음식에 자장면과 짬뽕이 있다면, 유가증권에는 주식과 채권이 대표 주자인데요. 그래서 그런지 사람들은 위험은 있지만 한방으로 큰돈을 만질 수 있는 주식의 장점과 비록 큰돈을 벌 수는 없지만 안정적인 이자수익을 기대할 수 있는 채권의 장점을 모두 향유하고 싶어합니다. 이러한 사람들의 니즈를 충족시켜 주는 금융상

품이 있는데, 그게 바로 전환사채, 신주인수권부사채, 교환사채 같은 것들입니다.

전환사채란 보통 때는 채권으로 가지고 있으면서 이자를 받다가 해당 회사의 주가가 오르면 주식으로 전환하여 시세차익을 얻을 수 있는 금융상품입니다.

예를 들어 A회사에서 발행한 전환사채는 그 조건이 3개월 후(전환 기간) 1주당 1만 원(전환가격)에 주식으로 바꿀 수 있다고 가정하겠습니다. 그런데 3개월이 지나 A회사의 주가가 폭등을 하여 1주당 3만 원이 되었다면, 전환사채에 투자한 사람은 이를 즉시 1만 원에 주식으로 바꿔서 주식시장에다 3만 원에 팔겠죠. 그럼 위험부담 없이 2만 원을 벌게 되는 겁니다.

반대로 3개월이 지나서 A회사의 주가가 주식시장에서 5,000원으로 폭락을 했다면 어떻게 할까요? 이 경우는 굳이 1만 원에 주식으로 바꾸지 않고 그냥 채권으로 가지고 있으면서 이자만 받으면 크게 손해 볼 것 없게 됩니다. 그야말로 주식과 채권의 이점을 동시에 맛보는 거라 할 수 있겠죠.

신주인수권부사채 역시 채권이 주식으로 바뀐다는 점에서는 전환사채와 같습니다. 하지만 그 방식이 좀 다르죠. 전환사채의 경우는 가지고 있던 채권을 해당 회사의 주식과 맞바꾸는 방식입니다. 반면, 신주인수권부사채의 경우는 해당 회사의 주식을 정해진 가격으로 살 수 있는 권리(신주인수권 : warrant)가 붙어 있기 때문에 그 권리를 행사해서 주식을 사는 방식인 거죠.

교환사채(exchangeable bonds : EB)도 전환사채와 같이 채권을 주식으로 바꿀 수 있습니다. 다만 바꿀 수 있는 주식이 해당 회사의 주식이 아니라 해당 회사가 보유하고 있는 다른 회사의 주식이라는 점이 차이점이죠.

따라서 교환사채에 투자한 사람은 해당 회사의 주가보다는 (교환해 주기로 되어 있는) 다른 회사의 주가 추이에 더 관심을 가져야 할 필요가 있습니다.

그럼 말이죠. 평소엔 채권으로 가지고 있으면서 이자를 받아먹다, 주가가 오르면 얼른 주식으로 전환, 신주인수, 교환 등을 해서 시세차익까지 먹을 수 있는, 이렇게 유리한 채권을 회사는 왜 발행을 해서 투자자에게 제공할까요?

세상에 공짜는 없습니다. 이러한 채권을 발행하는 회사도 나름대로 이득을 보는 게 있답니다. 우선 시장상황이나 회사상황이 썩 좋지 않을 때에도 주식으로 바꿀 수 있다는 조건을 내세워 일반 회사채를 발행해서 자금을 조달하는 것보다 훨씬 쉽게 자금조달을 할 수가 있죠. 게다가 이러한 채권들은 통상 일반 회사채에 비해 이자도 조금 적게 준답니다. 이 역시 필요할 때 주식으로 바꿀 수 있는 조건이 들어 있으니 어찌 보면 당연한 것이겠죠. 그래서 회사 입장에서는 평소에 이자를 적게 줘서 좋고, 투자자는 비록 이자는 적게 받지만 주가가 상승할 때의 히든 카드가 있어서 좋은 거랍니다.

19

이렇게 함께 목욕탕 가는 것도 참 간만이다.
그러게. 학교 다닐 때 오늘처럼 새벽까지 술먹곤 사우나로 직행하곤 했는데.

뭔 사우나냐? 그냥 술이나 더 먹자니깐..

동네 목욕탕

야이 짜샤 운동좀 해라. 뱃살 흘러내리는 것 좀 봐라.
사돈 남말 하시네.

가소로운 것들..
휙

어허! 건들진 마시고..
헉!선배! 생각보다 몸짱이네.
와~ 저 왕짜 새겨진거 좀 봐

내가 비록 니들보다 실제나이는 많아도 신체나이는 더 젊은 듯 하구나. 허허...
인정...

근데 니들, 채권이라는 것에도 실제나이랑 신체나이가 있는 거 알랑가 모르겠다.
또 시작이군..

잘들어 임마.
공부엔 때와 장소가
따로 없도다.
악

채권엔 만기가 있다는
거 알지? 이게 바로
채권의 실제나이에
해당되는 것이다.
만기하면
역쉬 씨름선수
이만기!
회사채: 3년, 10년
국공채: 5년, 10년
10년이상

그렇다면 채권의
신체나이란
무엇이냐?

바로
'채권의 듀레이션
(duration)'
이라는 것이쥐.
미균 씨레이션은
내가 쫌
아는데…
US ARMY

쉽게 얘기하자면,
채권의 시장가격의 현재가치
1원이 상환되는데 걸리는
'평균기간'을
의미하는 것이다.

따라서 만기(실제나이)보다
듀레이션값(신체나이)이
크면 클수록 투자자에게는
불리하게 된다.
왜냐?
투자한 금액을 회수하는데
걸리는 기간이 그만큼
길어지기 때문…

아~
알았으니깐
얼렁 탕에
들어오기나
해욧!
됐다
난 그냥
나갈련다

에이~
그건 탕에
대한 예의가
아니쥐.
엄마야
풍덩!

모냐? 아까
그 근육들 죄다
그린거여?!!
유화물감으로
그려넣은 건데…

채권의 신체나이 :
채권 듀레이션

'**신**체나이'란 게 있습니다. 실제 나이와 달리 개인의 건강한 정도에 따라 더 젊은 사람이 있는가 하면 더 늙은 사람이 있죠. 이를 흔히들 신체나이라고 하죠. 실제 나이와 신체 나이는 많게는 18년이나 차이가 난다고 합니다. 따라서 숫자상의 나이인 실제나이에 너무 얽매이지 말고 꾸준한 운동과 긍정적인 사고방식으로 신체나이를 젊게 유지할 필요가 있겠습니다.

채권에도 실제 나이와 신체나이가 있답니다. 채권의 만기(滿期)가 채권의 실제 나이에 해당하는 것인데요. 회사채의 경우 3년 만기가 대부분이고 국공채의 경우 5년이나 10년, 그 이상 되는 것도 있답니다. 그럼 채권의 신체나이란 무엇일까요? 명목상의 만기 말고 실제 채권의 나이를 나타내는 게 있는데 그게 바로 '채권의 듀레이션(duration)'이라는 것입니다.

'채권의 듀레이션'이란 1938년 맥콜리(F. R. Macaulay)가 개발한 것으로 '현재가치로 환산된 채권의 가중평균 상환기간(weighted average maturity or the streams of payments)'이라는 다소 거창한(?) 의미를 담고 있는데요. 이를 쉽게 말하자면 채권의 시장가격(즉 투자자가 해당 채권에 투자한 금액)의 현재가치 1원이 상환되는 데 걸리는 '평균 기간'을 의미합니다. 예를 들어 5년짜리 채권의 듀레이션을 계산해 보니 4.5년이 나왔다면, 투자자가 투자한 금액을 모두 회수하는 데는 만기 5년이 걸리는 게 아니라 실질적으로는 4.5년

밖에 걸리지 않는다는 것이죠. 나머지 0.5년 동안 회수되는 돈은 투자한 돈에 대한 추가 수익이 되는 것이고요. 따라서 채권의 경우에는, 만기(실제 나이)보다 듀레이션 값(신체나이)이 크면 클수록 투자자에게는 좋지 않은 것이죠. 왜냐하면 투자한 금액을 회수하는 데 걸리는 실질적인 기간이 길어지는 것이니까요.

그럼 이러한 듀레이션이 채권투자에 무슨 도움이 되는 걸까요? 일반적으로 듀레이션이 높은 채권일수록 시장의 금리 변화에 대해 채권가격이 더 크게 변합니다. 즉 시장의 금리가 1% 올랐을 때 듀레이션이 3년인 채권의 가격은 3% 정도 떨어지는 반면, 듀레이션이 5년인 채권의 가격은 5%나 떨어집니다. 따라서 이러한 듀레이션의 속성을 잘 활용하면, 현명한 채권 투자를 할 수 있답니다. 예를 들어 시장금리가 앞으로 떨어질 것 같으면 듀레이션 값이 비싼 채권에 미리 투자를 합니다. 그래서 실제 금리가 떨어지면 다른 채권보다 채권가격이 큰 폭으로 올라가게 되니 상대적으로 높은 수익을 얻을 수 있는 거죠. 반대로 시장금리가 오를 것 같다면 듀레이션 값이 낮은 채권에 투자를 합니다. 그럼 금리가 오르더라도 채권가격은 적게 떨어지기 때문에 그만큼 위험을 회피할 수 있는 것이죠.

여봐라~
삼식이 게 있느냐?
나랑 장구경이나
가자.

시방은 안되는디유.
장작도 패야허구..
할 일이 많구먼유~

아하하하..장작이야
댕겨와서 패두 되는 것을..
나두 참 한심한 놈이여..

야!
다 들리거덩.
조용히 해라~
궁시렁
궁시렁 궁시..
뚝

애 삼식아.
근데 저기 소떼는
죄다 어딜
가는 거냐?
아 저거요?
채권 거래하러
가는 길
같은디유.
채권

근데 시장과는
다른 쪽으로
가고 있잖냐?
채권의 경우엔
시장(거래소)에서
거래가 거의
이루어지질
않아유~

왜?
저 덩치들을 봐유.
건당 거래되는 규모가 엄청 커서
대부분 중간상인(기관투자자)들이
사고 파는디유.
근디, 시장(거래소)서 매매를 허믄
수수료(증권거래세)도 물고 하기땜시
장외시장서 대부분 거래하는 거래유~

어쭈.. 어디서 들은 풍월은 있나본데?
서당에선 안배운 건데..

흠흠..저 소(채권)들은 특히나 몸무게(원금), 발육상태(이자), 나이(만기)등 개인이 시장에서 손쉽게 사고팔기엔 꽤 복잡하기두 허지유~
채 권

이야~ 삼식이 너 언제 그런 걸 다 공부했다냐?
지두 언제까정 장작만 패며 살 순 없지 않겠시유~
으쓱
으쓱

열심히 공부해서 반드시 훌륭한 소장수가 될거구먼유~

생긴 걸로 보면 소도둑으로 출세하는 게 더 어울릴 것 같다 야. 하하
아이고 배야

말이 나왔으니 말인디유.. 생김새야 뭐 도련님도 만만치 않지유~
헤헤
화기 애애

니 마이 컸다~ 이거냐?
아~ 긍께 잘못했다니께유 ㅠㅠ
퐁퐁

채권은 어떻게 거래하나?

사실 채권거래란 게 우리에게 다소 생경한 건 사실입니다. 그도 그럴 것이 주식거래는 누구나 쉽게 할 수 있는 데 비해, 채권의 경우 우리 같은 일반인들이 거래하기란 쉽지 않기 때문인데요. 그렇다고 채권거래에 무슨 특별한 절차가 있어서 그런 건 아닙니다.

채권 역시 주식과 마찬가지로, 증권회사를 통해 '거래소(한국증권선물거래소 내 유가증권시장)'에서 사고팔 수 있습니다. 하지만 채권의 경우 거래소에서는 거래가 거의 일어나지 않는 게 현실입니다. 왜일까요? 채권의 경우 부동산과 마찬가지로 1건당 거래되는 규모가 엄청 큽니다. 보통 100억 원씩 거래가 되죠. 따라서 대부분 금융기관 등 기관투자자들이 주로 채권을 사고팝니다.

그런데 거래소에서 매매를 하면 '증권거래세(매도시에만 0.3% 부과)'를 내야 합니다. 그러다 보니 금융기관 입장에서는 굳이 수수료를 내면서 거래소에서 거래를 하는 것보다 증권회사와 직접 거래소 밖에서 거래하는 게 낫겠죠. 따라서 채권거래는 '장외시장(over-the-counter market : OTC market)'에서 거의 대부분이 거래되고 있답니다.

채권은 그 종류 또한 다양합니다. 예를 들어 삼성전자의 경우만 하더라도 주식은 보통주와 우선주 딱 두 가지 종류뿐입니다. 하지만 삼성전자가

를 하기 위해서는 먼저 증권사에 계좌를 개설해야 합니다. 고객은 거래 인감과 주민등록증을 지참하고 가까운 증권회사에 계좌를 개설한 후 증권카드 또는 통장을 교부받습니다. 그러나 기존의 위탁자계좌, 증권저축계좌가 있는 경우 그 계좌를 이용할 수 있습니다. 채권거래가 가능한 계좌는 위탁계좌, 근로자 증권저축, 일반 증권저축, 세금우대 소액채권 통장 등이 있습니다. 위탁계좌는 증권회사에서 누구나 개설할 수 있는 계좌이고, 주식 거래도 병용할 수 있습니다. 계좌 개설시 주식거래의 병용 신청도 가능합니다. 일반 증권저축은 통상 세금우대 소액채권을 거래하기 위해 만드는 계좌입니다. 세금우대 소액채권 통장은 2,000만 원 이하의 소액채권에만 투자할 수 있으며, 세금우대를 받을 수 있습니다.

채권매매는 주식투자시와 유사합니다. 채권매매는 주식투자와 같이 증권회사를 방문하거나 전화로 매매주문을 내거나 홈트레이딩으로 주문을 낼 수 있습니다. 전산기술의 발달로 장외 거래도 홈트레이딩으로 매매주문이 가능합니다. 개인투자자들이 신규 발행채권을 매입하고자 할 경우에는 발행기관이나 인수기관 및 기타 청약기관에서 청약하면 됩니다. 청약 자격에는 아무런 제한이 없으며 청약 단위는 발행회사에 따라 다르지만 대부분이 10만 원 이상입니다.

장외시장이란 거래소시장 밖에서 유가증권의 거래가 이루어지는 비조직적·추상적 시장을 말합니다. 다시 말하면 아직 거래소시장이나 코스닥시장에 상장되지 않았거나 증권업협회에 등록되지 않은 주식을 거래하는 시장인 것입니다. 쉽게 말해서 사람끼리 만나 서로 돈을 주고받으며 주식을 사고 팔면 그곳이 장외시장이 되는 것입니다. 거래방법에 따라 투자자 상호간의 개별적 접촉과 협상에 따라 주식거래가 이루어지는 '직접거래시장(no broker market)'과 중개기관인 증권회사의 창구에서 주식거래가 이루어지는 '점두시장(over the countermarket)'으로 구분됩니다.

발행한 채권의 경우 각각 발행시마다 이자, 원금, 만기 등이 다른 채권이 무수히 존재합니다. 따라서 개인이 거래소에서 손쉽게 사고 팔기엔 다소 복잡한 것도 사실입니다.

그렇다고 거래소(유가증권시장)에서 전혀 채권거래가 일어나지 않는 것은 아닙니다. 소액투자자를 위한 채권이 일부 거래됩니다. 주로 전환사채 같은 주식연계사채나 국민들이 의무적으로 매입하는 첨가소화국공채가 주로 거래되고 있죠. 방법은 간단합니다.

채권거래가 가능한 증권회사(주식중개만 전문으로 하는 온라인 증권회사를 제외한 대부분의 종합증권회사)에 위탁계좌를 개설한 후 전화로 주문을 하면 됩니다. 물론, 증권회사에 따라서는 인터넷을 통한 홈트레이딩 시스템으로도 가능합니다.

주식이 배당과 시세차익을 노리고 투자를 하는 것처럼 채권 역시 이자와 시세차익을 노리고 투자를 합니다. 채권 이자는 발행할 때 만기 동안의 정해진 이율(표면이자율)에 맞게 투자자에게 지급을 합니다.

한편 채권은 시중의 금리변화에 따라 그 반대방향으로 가격이 오르락내리락 합니다. 따라서 금리가 높을 때에 낮은 가격으로 채권을 매입해서 금리가 떨어질 때 높은 가격으로 팔면 시세차익을 얻을 수 있습니다.

통상 시세차익으로 생기는 양도소득에는 세금을 물리지 않습니다. 다만 이자소득에는 세금을 내야 합니다.

채권을 가지고 있다가 중도에 팔 경우, 채권보유기간 동안 발생한 이자소득에 대해 이자소득세를 내는 것이죠. 이를 '보유기간과세제도'라고 합니다. 물론 이자는 해당 증권회사에서 알아서 계산해서 원천징수를 하기 때문에, 굳이 세금계산과 납부를 직접 할 필요는 없습니다. 세율은 일반 금융상품과 같이 15.4%(소득세14%+주민세1.4%)입니다(종전 16.5%에서 2005년 1월부로 개정).

대부분의 채권이 소액으로 거래되지 않다 보니 우리 같은 개인 투자자에게는 왠지 거리감이 있어 채권과 담을 쌓고 사는 사람이 많습니다. 하지만 그렇다고 해서 채권이 우리와 전혀 상관없는 것은 아니죠. 대부분의 펀드 상품이 채권에 투자를 하고 있습니다. 주식보다는 안정성이 뛰어난데다, 시세차익을 얻을 수 있고 또한 보유기간 동안 이자수익도 얻을 수 있으니 은행 예금상품보다 수익성이 높기 때문입니다. 따라서 펀드 상품에 투자하는 우리는 간접적으로 채권에 투자를 하고 있는 셈이죠. 음식으로 따지자면, 채권은 원재료이고, 펀드 상품은 이를 이용해 먹음직스럽게 만든 요리라고 생각하시면 됩니다. 어떤 요리를 먹더라도 이게 어떤 재료로 만들어졌는지는 알아둘 필요가 있는 거죠.

고리
대금
사채
환전

허~참
배니수의
상인

허허 ..읽을수록 감명 깊은 책이로다. 사일록 선생은 참말이지 본받을 만한 분이시로고.
감동의 눈물

주인장 계시오~?

무슨 일로 오셨소? 노인장.

내 주인장에게 사업상 중대제안을 하러 왔소이다. 콜록콜록..

뭐 별로 내키진 않지만 어디 들어나 봅시다..

내가 사는 이 집을 담보로 해서 연금식으로 돈 좀 대출해 주시오. 내가 죽거든 주인장이 알아서 처분하는 걸로 하고.
밑지는 장사는 아닐거요.
늙은이가 살면 얼마나 살까..콜록콜록
고래등 같은 기와집
-읍내 99번지-

땡잡았다
좋소. 까짓거 당장 계약합시다. 자~ 여기에 서명하시고..
- 계약서 -
나중에 딴소리 안하기
인

얘덜아~

샤!.샥

형님이 돈벌어 왔다. 주막으로 출발!
오예 원만이 확팅!

이 주소가 분명히 맞는데.. 웬지 사기당한 듯한 불길한 느낌이..
취한다
딸꾹

이보시오. 말 좀 물읍시 ...!
깜짝

야이 사기꾼놈아. 니 눈엔 저 초가가 고래등 기와집처럼 뵈냐?
이거 왜 이래요 집그림 좀 자세히 보라니깐요.
켁 켁

쿵
상기 그림은 실제 집모습과 많이 차이날 수 있지롱~~

초가집은 그냥 가지슈~
아~ 사일록 선생님..
꾸깃

모기지론, 역모기지론은 공수래공수거

인생은 공수래공수거(空手來空手去)라고 했습니다. 빈손으로 왔다가 빈손으로 떠난다는 말이죠. 다소 철학적이며 종교적이기까지 한 이 말을 가장 충실하게 실천(?)하는 금융상품이 있습니다. 그게 바로 '모기지론'과 '역모기지론'이죠.

모기지(mortgage)란 우리말로 '저당권'을 의미하죠. 따라서 '모기지론(mortgage loan)'이란 주택의 저당권을 근거로 해서 자금을 대출해 주는 금융기법을 말합니다. 일단 내 집 마련의 대상이 되는 집에 대해 은행은 저당권을 설정합니다. 그리고 이것을 모아서 주택저당증권을 만들죠. 이 주택저당증권을 한국주택금융공사에 넘기고 그 대가로 받은 자금으로 내 집 마련에 필요한 돈을 대출해 주는 시스템입니다.

일단 돈을 빌려 집을 사고 이를 장기간에 걸쳐 꼬박꼬박 갚아나간다는 점에서 은행의 주택자금대출과 비슷한 것 같지만 그 내용을 따져보면 여러 면에서 차이가 있습니다. 주택담보대출의 경우 은행이 주택을 담보로 잡고 대출해 주기 때문에 대출 재원을 은행이 스스로 마련해야 합니다. 따라서 돈을 빌린 사람이 그 돈을 갚을 때까지는 은행의 부담이 큽니다. 그렇기 때문에 은행은 나름대로 엄격한 대출조건을 내세우죠. 하지만 모기지론의 경우 은행은 중개인 역할만 한다고 보시면 됩니다. 은행은 대상 주택의 저당권을 모아 주택저당증권을 만들어 이를 한국주택금융공사에 넘기고 받은

모기지론이란 집을 사기 위해서 미리 집값의 일부만큼 돈을 빌리고 집을 사면서 동시에 집에 담보를 설정해 장기간에 걸쳐 빌린 돈의 원금과 이자를 다 갚게 되면 집에 설정된 담보가 해지되고 완전히 집을 소유하게 되는 형태의 대출입니다. 그러니까 집을 사려는 사람에게 집을 쉽게 살 수 있도록 만들어진 대출입니다.

역모기지론은 주택담보대출이라는 점에서는 모기지론과 같지만 그 목적이 틀립니다. 역모기지론은 평생 돈을 벌어서 집은 샀지만 노후생활을 위해 충분한 자금을 마련하지 못한 주로 노년층을 위해 만들어진 대출제도입니다. 현재 갖고 있는 집을 은행에 담보로 맡기고 돈을 빌립니다. 이렇게 빌린 돈으로 노후에 생활비로 사용하다가 나중에 사망하면 은행이 담보로 맡긴 집을 처분하여 대출금을 회수하는 형태의 대출제도입니다.

돈으로 대출 재원을 마련하죠. 따라서 은행의 부담이 거의 없습니다. 그렇다 보니 일반 주택담보대출에 비해 여러 모로 좋은 조건으로 많은 사람을 대상으로 대출이 가능하죠. 대출금리 또한 주택저당증권이 만들어질 당시의 금리로 고정되기 때문에 금리 변동에 대한 리스크도 거의 없습니다.

이렇듯 모기지론을 이용한다는 것은 어떻게 보면 집을 구입한다기 보다는 오랜 기간 동안 렌털을 하는 것이라고 봐도 될 듯싶습니다. 렌터카 회사를 통해 자동차 렌털을 하듯이 말입니다.

'역(逆)모기지론(reverse mortgage loan)'은 이름에서 알 수 있듯이 모기지론의 반대 개념으로 생각하면 됩니다. 자신이 가지고 있는 집을 담보로 금융기관으로부터 연금식으로 일정 기간 동안 일정 금액을 받는 대출상품입니다. 노후에 자녀들을 다 독립시키고 현직에서도 은퇴하고 난 사람들이 주로 대상이 되는데요. 자기 소유의 집을 담보로 연금식으로 돈을 받아 여유 있게 쓰는 것이죠. 물론 그 집에서 거주를 하면서 말입니다. 그러다 자신이 죽고 나면 금융기관이 그 집을 알아서 처분하여 대출금을 상환하는 방식입니다. 그야말로 죽을 때 아무것도 남기지 않고 가는 것이죠.

은행 주택담보대출과 모기지론 비교		
구분	은행 주택담보대출	모기지론
대출 기간	단기(주로 3년 이하)	1년 거치 포함 10년, 15년, 20년
금리	변동금리	고정금리
최대 대출비율	집값의 40%	집값의 70%
상환방법	만기 일시상환	매월 균등분할상환
상환부담	만기에 상환부담 집중	장기간 분할상환
금리변동시	상승시 이자부담 가중 하락시 대환 가능	추가 이자부담 없음 대환 가능
소득공제	대부분의 경우 불가능	만기 15년 이상 일때 소득공제 가능

사실 모기지론이나 역모기지론은 미국에서 이미 정착된 금융상품입니다. 하지만 집을 자신이 꼭 소유하고 있다가 죽고 나면 자식에게 물려줘야 한다는 사고방식을 가진 우리나라에서는 정착이 쉽지 않아 보입니다. 하지만 인생이 어차피 공수래공수거라면, 살아 있는 동안 집을 이용해서 충분한 현금흐름을 만들어보는 것도 나쁘진 않을 것 같습니다.

왕초보를 위한 **한국형 금융재테크**

지은이 | 김의경
펴낸이 | 김경태
펴낸곳 | 한국경제신문 한경BP

제1판 1쇄 발행 | 2005년 12월 20일
제1판 2쇄 발행 | 2006년 1월 20일

주소 | 서울특별시 중구 중림동 441
기획출판팀 | 3604-553~6
영업마케팅팀 | 3604-561~2, 595 FAX | 3604-599
홈페이지 | http://bp.hankyung.com
전자우편 | bp@hankyung.com
등록 | 제 2-315(1967. 5. 15)

ISBN 89-475-2555-3
값 11,000원

파본이나 잘못된 책은 바꿔 드립니다.